国家出版基金项目
NATIONAL PUBLICATION FOUNDATION

中國倉儲制度考

于佑虞◎編著

山西出版傳媒集團
山西人民出版社

圖書在版編目(CIP)數據

中國倉儲制度考 / 于佑虞編著. —太原: 山西人民出版社, 2014.12
(近代名家散佚學術著作叢刊 / 許嘉璐主編)
ISBN 978-7-203-08864-6

Ⅰ. ①中… Ⅱ. ①于… Ⅲ. ①糧倉—制度—考證—中國 Ⅳ. ①F329

中國版本圖書館CIP數據核字(2014)第289777號

中國倉儲制度考

主　　編　許嘉璐
編　　著　于佑虞
責任編輯　張文穎

出 版 者　山西出版傳媒集團·山西人民出版社
地　　址　太原市建設南路21號
郵　　編　030012
發行營銷　0351-4922220　4955996　4956039
　　　　　0351-4922127(傳真)　4956038(郵購)
E-mail　sxskcb@163.com　發行部
　　　　sxskcb@126.com　總編室
網　　址　www.sxskcb.com

經 銷 者　山西出版傳媒集團·山西人民出版社
承 印 廠　山西出版傳媒集團·山西人民印刷有限責任公司

開　　本　700mm×970mm　1/16
印　　張　8.25
字　　數　86千字
印　　數　1—3000冊
版　　次　2014年12月　第1版
印　　次　2014年12月　第1次印刷
書　　號　ISBN 978-7-203-08864-6
定　　價　18.00圓

《近代名家散佚學術著作叢刊》編委會

出版説明

近代名家散佚學術著作叢刊選取一九四九年以後未再刊行之近代名家學術著作共一百二十册，編例如次：

一、本叢書遴選之著作在相關學術領域具有一定的代表性，在學術研究方向、方法上獨具特色。

二、爲避免重新排印時出錯，本叢書原本原貌影印出版。影印之底本皆經專家組審定，原書字體大小，排版格式均未做大的改變，原書之序言、附注皆予保留。

三、本叢書分爲八大類，以作者生卒年編次。

四、爲使叢書體例一致，本叢書前言後記均采用繁體字排版。

五、個别頁碼較少的版本，爲方便裝幀和閲讀，進行了合訂。

六、少數學術著作原書内容有個别破損之處，編者以不改變版本内容爲前提，部分進行修補，難以修復之處保留缺損原狀。

七、原版書中個别錯訛之處，皆照原樣影印，未做修改。

八、所選版本之抽印本頁碼標注，起始至所終頁碼均照原樣影印，未重新編排標注新頁碼。

由於叢書規模較大，不足之處，殷切期待方家指正。

總序／披沙瀝金，以爲鏡鑒

◇許嘉璐

多年來有一個問題始終在我腦中盤桓：爲什麽在十九世紀末到二十世紀初，在短短的幾十年裏，中國的各個學術領域竟涌現了那麽多大師級的人物？這是中國近代史上一個極爲重要的現象，我認爲，如果不能給出令人滿意的答案，我們撰寫的近代學術史將是不完整的，甚至是缺乏靈魂的。後來我知道，著名人類學家克羅伯曾提出過一個問題：爲什麽天才成群地來？看來這種現象的出現並非中國所獨有，思考其所以然的也大有人在。而在那一次世紀之交中國的情况，似乎應驗了「天才成群地來」這個令克氏久久不解的疑問。錢學森先生曾從相反的方向提出了相同的疑問：爲什麽我們這個時代出現不了杰出人才？後來人們稱這個問題爲「錢學森之謎」。

要回答這些疑問不是件容易的事。與其迅速地囫圇地探尋，不如先多了解那些讓中國近代學術（應該包括人文科學和自然科學）史上閃耀着光輝的大師們的作品和自述，從而在腦海里盡量「復原」他們所處的環境和在那種環境下的心理路徑，從中或許可以得到一些啓示。

有一點是顯然的，這就是他們雖然都已遠離塵世而去，但是他們獨立思考的品性、求知治學的真誠、困厄窮愁中對節操的堅守，恐怕是他們共同的主觀因素，一直影響到現在，而且將會永遠留存下去。

就思想界、學術界而言，二十世紀上半葉是一個新説和舊説碰撞，中學和西學融匯的大時代。那時的學人極爲重視言行操守，同時具備現代知識分子的理想信念；他們的學術研究十分純净，絶少功利因素；他們的視界開闊，以包容的心態和嚴謹的風格造就了成果的大氣與厚重。至於在客觀因素一面，他們實際是在用工業化時代的事實解說着太史公所說的名山之作「大抵聖賢發憤之所爲作」，困厄苦難使得他們「皆意有所鬱結」。這種鬱結，幾乎和個人的名利毫無牽涉，他們永遠不能釋懷的，是民族的存亡、國運的興衰、民衆的福禍和文脈的續斷。

那個時代也是近代歷史上最大規模的中西古今學術調適、創新的時期，學術方法上的交互滲透和融合、創新亦可謂「於斯爲盛」。斯時之學人是要在封閉的屋墻上鑿出窗子的勇士，是使人能夠看看外部世界的第一批導夫先路者；或者可以說，他們是在「意有所鬱結」時「彷徨」和「吶喊」的「狂人」。

相對於那時的哲人們，後來者是幸運兒。現在的形勢是，近三十年來學界空前繁榮，衆多學科有了長足之進，其中很重要的一點是學界有了更新穎、更廣闊的國際視野，似乎接續上了百年前的學壇盛事。但細想想，「古」與「今」還是有差別的。其異，主要不在於世界情勢、學術進展、工具改善這些客觀存在，而在於在廣泛吸收各國優長的同時，自身文化的主體性越來越受到重視，換言之，「拿來主義」已經延長了「拿來」的程序，加上了試用、甄別、篩選、吸收、融合、成長。就我孤陋所見，在當今地球上，面向所有異質文明，努力汲取我之所缺，其範圍之大和心態之切，似乎無出中國之右者。從這個角度說，我們已經超越了前輩。但是事情還有另外一面，學術，特別是人文學科，其職業化、「沙龍化」和功利性，以及隨之而來的浮躁病却嚴重了。從這個角度說，是不是我們已經後退得够可以的了？而這是不是我們這個時代出不了大師的原因之一呢？

民國學術界的特點之一是極爲注重對傳統的反省、批判與繼承。他們對傳統文化盡最大的努力進行整理和研究。一方面，由於戰亂頻仍，民不聊生，學者們擔起了讓中華文化薪火相傳的歷史責任；另一方面，他們要通過對中國傳統文化的整理、挖掘來重振民族自信心。這一時期對傳統文化進行整理的全面而深入是前所未有的，舉凡文字學、語言學、經濟學、法學、哲學、政治制度、書法繪畫、金石學……規模之宏大，研究之精微，令人嘆爲觀止。

民國學術推動了現代學科體系的建立。在對傳統文化整理和研究的基礎上，吸收西方的文化思想和理念，推動和建立了中國現代學科體系。例如，在對語言文字和音韻學成果進行整理、研究的基礎上開始着手規範之，建立了國語學；深入研究書法、國畫，將其融入了現代美術學科；在廢除舊有學制後逐步建立起小、中、大學較完整的科目和學科體系。

民國學術也改變了傳統學術方式，建立了新的研究範式。以現代科學考古爲發端，科研的實踐和成果使中國知識界真正認識到在實驗、比較基礎上的邏輯分析對學術研究的重要，推進了中國學術的一大演變。至於我們常説的打破士大夫傳統、走出書齋到田野鄉村和市民中進行調查研究、結束了經學時代、以歷史眼光檢視儒學和諸子等等，都是確立新學術範式的努力。這一轉變，也標誌着中國學術界脱胎換骨，全面進入了現代，爲此後的學術發展奠定了堅實的基礎。當然，西方啓蒙運動以來，在「現代性」和「現代化」裏潛伏着的缺陷和謬誤也傳到了中國，這些不能不在前哲的著作裏留下痕迹。這並不奇怪。類似的情況，古往今來孰能免之？猶如今天的我們，誰敢自稱我之所見就是永恒的真理？在這個問題上兩個時代所異者，或許就在昔時大家創立新説或譯註西學著作，往往是懷着對學術和前哲的敬畏而爲之，故而常常誤不在我；當今則往往出於對學問和他人的輕蔑，或以所研究的對象爲謀己的工具，因而難辭主觀之咎吧。翻閲他們的心血之作，這些復雜的狀況可以顯見，可以視之爲我們的一面鏡子。

滄海桑田，世事變幻，歷史的動盪和時代的遮蔽，使當年許多大師的一些極有價值的學術著作被棄於故紙堆中，不能不令人有遺珠之憾。爲此，山西人民出版社不惜以數年之艱辛，披沙瀝金，編輯出版這套近代名家散佚學術著作叢刊，凡一百二十册，計文學、史學、政治與法律、美學與文藝理論、民族風俗、宗教與哲學、經濟、語言文獻共八大類別。所選皆爲作者之純學術著作，無論是其見解、精神，抑或是其時代烙印，都是後輩學人可資借鑒的寶貴財富。他們出版這套叢書，意在讓世人不忘來程，知篳路藍縷之不易，爲民族文化的傳承再增薪木。

出版社的初衷，與我近年來所思所慮近似，故願略述淺見於書端，以與策劃者、編輯者和讀者共勉。

二〇一四年七月六日

改定於自安東回京途中

前言

◇王繼軍

一切歷史都是當代史，人類歷史具有延續性，現實之中包含着歷史的因素，割不斷的傳統深刻地影響着當代社會；歷史可以從當代的角度去發現和解讀，當代所面臨的現實問題，促使我們去追尋它形成的根源，去叩問前人的智慧，以資借鑒。在平静緩慢、綿延不絕的歷史長河中，總有那麽一些波瀾壯闊、起伏跌宕的時期，它們所孕育的巨大轉折價值和意義深深地影響着後來者。近代中國社會經歷了亘古未有的大變革。就經濟而言，傳統的自然經濟結構受到衝擊，資本主義因素的工商業在經濟體係中佔據越來越重要的地位；在政治上，帝制衰敗，共和肇興；在法律方面，傳統的法律典章再也不能够適應富强、民主、自由、科學的社會需要，西法東漸，勢不可擋；在文化和學術上，東西文化的碰撞、交流與融合，使得發現新資料、運用新方法、創造新範式、提出新思想成爲可能。中國近百年的歷史可以説是一個從傳統社會轉向現代社會的歷史。

開放的思想是人類理性挑戰愚昧的鋭器，自由的學術是世界邁向理想社會的階梯。一代學人以他們廣博的學識、獨立的品格、創造的思維、勤奮的勞動，推出燦若繁星而又堅實厚重的學術成果，爲時代提供智慧的啓迪和思想的指引，以一種獨特的方式積極參與到社會變革的偉大歷史進程來。學術的力量是長久和巨大的，學者的貢獻是不應該被忘記的。

本叢刊政治與法律部分，輯録了于佑虞、聞亦博、曾松友、宋希庠、楊德森、常乃悳、瞿同祖、王振先、熊理、朱章寶、蔡樞衡、趙鳳喈、陳顧遠、郭箴一等名家散佚的論著，其中涉及社會形態、政治制度的歷史與學説、中國古代的倉儲、糧政、勸農、海關、婚姻等制度、婦女問題以及中國法律之精神與法律現象變遷等諸多方面的重要論題。這些論著具有資料豐富、考證翔實和「思他人所未思，言他人之未言」的共同特徵，又在方法、結構、風格方面展現出摇曳多姿的形態。有的長於叙事，爬梳整理，去僞存真，娓娓道來；有的善於思辨，歸納演繹，比較剖析，鞭辟入裏；有的體大思精，在宏大的架構中闡説精妙的見解；有的以小見大，於細微處見精神。這些論著無疑成爲中國學術史上的瑰寶。

閲讀是一種交流，研習先輩學人的著作，就仿佛與杰出的心靈展開了一場穿越時空的對話；閲讀是一種沉思，浸潤於那些深邃的思想裏，使我們得以忘却外部的喧囂與繁華；閲讀是一種旅行，我們汲取歷史的滋養，再向更遠處出發。

是爲序。

作者簡介

于佑虞，生平不詳。

目次

第一章　緒　論（倉制史述要）

我國以農立國，五千餘年來，列代明君賢相，無不以富國裕民爲施政要旨。洪範農用八政，孔孟貴民足食，其注意農政，關心民瘼，信而有徵矣。凡國用所資，私人所需，亦莫不仰給於農。蓋農村社會之安定，繫於農民經濟之榮枯，農民經濟之榮枯，又繫於糧倉之盈虛，故欲免天災人禍，旱潦凶荒，使民無離散之苦，溝壑之厄，則均輸平準之利，常平倉儲之制，應運興矣。際斯抗戰建國，兼籌並顧之時，對軍糈之供應，民食之調劑，尤屬刻不容緩，爰乃考諸我國史乘，究明倉制之利弊，而爲當今施政之借鏡。

溯自禹平洪水，民得安居，乃首揭善政養民之旨，以語舜曰：

「於，帝念哉！德惟善政，政在養民。水，火，金，木，土，穀（六府）惟修，正德，利用，厚生（三事）惟和。……」（尙書孔傳大禹謨）。

德在善政，政在養民者，民非此不生，故於五行之外，幷及於穀，足見民倉之重要。繼謂：

「……地平天成，六府、三事允治，萬世永賴。……」（尙書大禹謨）。

此中國政治哲學之精華，亦治國弭亂之要義也。古之弔民伐罪，重農貴粟最早之文獻，以商湯聲討夏桀爲最顯著：

「今爾有衆，汝曰，我后不恤我衆，舍我穡事，而割正夏。」（尙書湯誓）。

此謂夏桀既不愛民，又不重農，故湯起兵誅之。商承夏後，農事大作，其宜告民衆，亦以農事相比擬，而易於了解，如以農作情形，喻爲治國之道。其言曰：

「……聖王之田也，修禮以耕之，陳義以種之，講學以耨之，本仁以聚之，播樂以安之，……故治國不以禮，猶無耜而耕也；爲禮不本於義，猶耕而弗種也；爲義而不講之以學，猶種而弗耨也；講之於學而不合之以仁，猶耨而弗穫也；合之以仁而不安之以樂，猶穫而弗食也；安之以樂而不達之於煩，猶食而弗肥也。」（禮記禮運篇）。

周爲后稷之後，世守農業，故周公戒成王以無逸，勗以須知稼穡之艱難。（見尙書無逸篇。）又作豳風以述后稷公劉勸農力作之情形。其六七兩章云：

「六月食鬱及薁，七月亨葵及菽，八月剝棗，十月穫稻，爲此春酒，以介眉壽。七月食瓜，八月斷壺，九月叔苴，采荼薪樗，食我農夫。九月築場圃，十月納禾稼，黍稷重穋，禾麻菽麥。嗟我農夫，我稼既同，上入執宮功，晝爾於茅，宵爾索綯，亟其乘屋，其始播百穀。」（詩經豳風篇）。

及武王克殷，問箕子以彝倫攸敍之道，箕子語以洪範九疇，洪範者大法也，而九疇之須有三，曰農用八政。八政者：

「一曰食，二曰貨，三曰祀，四曰司空，五曰司徒，六曰司寇，七曰賓，八曰師。」

八政以農用爲名，以食爲先，其重農足食，於此可見。

周朝農制，以周禮爲最詳；姑不論其眞僞，以周代典制視之，此古今所公認也。周禮地官司徒篇云：

「凡田不耕者出屋粟。」

其對惰農之處罰，頗稱嚴厲。夫三爲屋，出屋粟者謂罰其出三家之稅粟也。又曰：

「不耕者祭無盛。」

此謂不耕之農，祭祀應無粢盛也。古代既以農事爲一國財富之源，故國用亦視農產之豐歉而定。禮記王制篇云：

「冢宰制國用，必於歲之杪，五穀皆入，然後制國用。用地小大，視年之豐耗，以三十年之通，制國用；量入以爲出。祭用數之仂，……喪用三年之仂，喪祭用不足曰暴，有餘曰浩。祭，豐年不奢，凶年不儉。國無九年之蓄，曰不足，無六年之蓄，曰急，無三年之蓄，曰國非其國也。三年耕，必有一年之食，九年耕，必有三年之食，以三十年之通，雖有凶旱水溢，民無菜色。……」

其對於凶荒，亦有周詳之措施。在周禮地官司徒篇云：

「大荒大札，則令邦國移民，通財，舍禁，弛力，薄征，緩刑。」

大荒謂大饑荒也；大札謂大疾疫也；移民，指遷民於穀賤之地，或無疫之區；通財者，謂有留守不能離去者濟之以穀；舍禁，山澤所遮禁者，舍去其禁，使民取蔬食也；弛力者息繇役也；薄征，謂輕其租稅也；絞刑者，指凶年犯刑緩縱之也。又曰：

「國凶荒扎喪，則市無征而作布」。

國有災害，物價騰貴，維去關市之征，猶無補於民生。惟銅無凶年，故鑄帛布以饒民，而以解凶荒之困。其在平時，則由：

「遺人，掌邦國之委積，以待施惠；鄉里之委積，以恤民之囏阨；門關之委積，以養老孤；郊里之委積，以待賓客；野鄙之委積，以待羇旅；縣都之委積，以待凶荒。」（周禮大司徒）。

周禮之所謂委積者，卽倉儲制度之雛形也。又曰：

「倉人，……穀有餘則藏之，以待凶而頒之。」

此亦於凶年分頒委積於庶衆之顯例也。

春秋之世，列國有饑，則互相乞糴。其最著者莫如秦晉之乞糴，當魯僖公十三年，晉荐饑（荐者連年也），使乞糴於秦。

「秦伯（穆公）問百里（奚）與諸乎？對曰：天災流行，國家代有，救災恤鄰道也；行道有福。秦於是輸粟于晉，自雍及絳相繼，命之曰汎舟之役。」（左傳）。

但至翌年，

「秦饑，使乞糴於晉，晉人弗與。慶鄭曰幸災不仁。」

孰料隔年，

「晉又饑，秦伯仍餼之以粟，曰：吾怨其君，而矜其民。」

蓋救濟無國界，秦穆公之所以怨其君而矜其民也。他如古之私人救濟，禮記檀弓下載；

「齊大饑，黔敖爲食於路，以待餓者而食之。」

又載：

「公叔文子卒，其子戍請謚於君，君曰……昔者衞國凶饑，夫子爲粥與國之餓者，是不亦惠乎？」

儒家雖罕言儲政，但於子貢問爲政，孔子卻以「足食」語之，可見仁者之用心矣。孟子於答梁惠王齊宣王問曰：

「不違農時，穀不可勝食也。」（孟子）。

蓋其時公役繁興，戰爭頻仍，農不得安於畎畝，若農時荒廢，則穀產自然減少，而民有饑食之虞矣。故曰：

「百畝之田，勿奪其時，數口之家，可以無饑矣。」（孟子）。

如能使民豐衣足食，則可王天下矣。故又曰：

「黎民不饑不寒，然而不王者，未之有也。」（孟子）。

但在戰國之世，强吞豪奪之風頗熾，貧富之間顯分，其民生困苦自不言而喻，將何以置於不饑不寒之域。孟子則力主：

「……是故明君制民之產，必使仰足以事父母，俯足以畜妻子，樂歲終身飽，凶年免於死亡，然後驅而之善，故民之從之也輕。」（孟子）。

此乃師意孔子既庶而富而教之言也。

儒家外言民食調節者首推管仲，管仲生於孔子之前，所重在足食富民。管子牧民篇云：

「凡有地牧民者，務在四時，守在倉廩。……倉廩實則知禮節，衣食足則知榮辱。」

蓋四時所以成萬物，而倉廩所以儲民食也。又曰：

「錯國於不傾之地者，授有德也；積於不涸之倉者務五穀也；藏於不竭之府者，養桑麻育六畜也。……務五穀則食足，養桑麻育六畜則民富。……」（管子四經篇）。

管子以爲教民守法務農，首在足食；足食，一方固在重農貴粟，他則更應「積於不涸之倉」，方可談富國裕民之道也。管子並了解不能控制歲收之豐歉，所造成之不良狀況。其言：

「歲適美，則市糶，無予，而狗彘食人食。歲適凶，則市糴，釜十鏹，而道有餓民。然則豈壤力固不足，而食固不贍也哉？夫往歲之糶賤，狗彘食人食，故來歲之民不足也。物適賤則半力而無予，民事不償其本，物適貴，則什倍而不可得，民失其用。」（管子國畜篇）。

此政府對民食而不能適當調節，致有穀賤傷農，穀貴傷民之現象。管子乃進言造成此種惡果之由，以及其調節辦法。其言曰：

「然則豈財物固寡而本委不足也哉？夫民利之時失，而物利之不平也。故善者委施於民之所不足，操事於民之所有餘。夫民有餘則輕之，故人更斂之以輕；民不足則重之，故人更散之以重。斂積之以輕，民散行之以重，故人君必有什倍之利，而財之櫎可得而平也。」（管子國畜篇）。

觀此可知如遇豐歉之歲，人君苟能輕重於有餘與不足之間，則財當歸於上。於是更言輕重之要，在乎平準。其言曰：

「凡輕重之大利，以重射輕，以賤泄平，萬物之滿虛，隨財準平而不變，衡絕則重見，人君知其然，故守之以準平。」（管子國畜篇）。

如何可以準平，在管子以為：

「使萬室之都，必有萬鍾之藏，藏鏹千萬；使千室之都，必有千鍾之藏，藏鏹百萬。……故民無廢事，而國無失利也。」（管子國畜篇）。

其調節豐歉兩地之穀價，管子則以籍稅法行之。

「桓公曰：齊西水潦而民饑，齊東豐庸而糶賤，欲以東之賤被西之貴，為之有道乎？

管子對曰：今齊西之粟，釜百泉（錢也）則鏂二十也。齊東之粟，釜十泉則鏂二泉也。請以令籍人三十泉，得以五穀菽粟決其籍；若此，則齊西出三斗而決其籍，齊東出三釜而決其籍，然則釜十之粟，皆實於倉廩，西之民饑者得食，寒者得衣，無本者予之陳，無種者予之新，若此則東西相被，遠近之準平矣。」（管子輕重丁）。

但有時穀賤而國家無力收買，又恐穀物外泄歸於諸侯。於是獎勵囤戶之儲積：

「桓公曰：糴賤，寡人恐五穀之歸於諸侯，寡人欲爲百姓萬民藏之，爲此有道乎？管子曰：今者夷吾過市，有新成囷京者二家，君請式璧而聘之。桓公曰：諾。行令半歲，萬民聞之，舍其作業而爲囷京，以藏菽粟五穀者過半。桓公問管子曰此其何故也？管子曰：成囷京者二家，君式璧而聘之，名顯於國中，國中莫不聞，是民上，則無功顯名於百姓也。功立而名成，下則實其囷京，下以給上，爲君一舉而名實俱在，民何爲也。」（管子輕重丁十六）。

凡此皆可窺知穀物之重要，儲政之不可或缺也。是時越計然對於穀價之標準，亦有其說：

「六歲穰，六歲旱，十二歲一大饑。夫糴二十病農，九十病末（謂工商），末病則財不出，農病則草不闢矣。上不過八十，下不減三十，則農末俱利，平糶平物，關治不乏，治國之道也。……」（史記貨殖列傳）。

計然以爲豐歉循環，而饑荒難免。認適當之穀價，則在八十與三十之間，果如此，農末均得其利矣。

他如魏文侯有御廩，春申君有造吳二倉，秦始皇置長太平倉，蘇秦謂齊粟如山邱，楚燕之粟皆足支十年，是儲糧之多，有關國力，蘇秦之所以別强弱也。

漢高祖卽位後，關中大饑，斗米值萬金，人相率食，京中儲糧無以爲濟，乃令民就食蜀漢。武帝四年，山東大水，民多饑乏，虛郡國倉以賑，猶不足，乃募富豪家之粟相假以貸，仍不能救，遂創常平之制，以備不虞。元帝立，天下大水，關東郡十一尤甚；翌年，齊地饑，穀貴民多饑死，瑯玡羣人相食，在位儒者皆言罷常平倉，距其設立不過十年，嗣後不復置倉。王莽時，穀價翔貴，敎民煮酪以充食，流民入關數十萬人，餓死者什七八。後漢明帝承光武創業之後，天下安寧，民無橫徭，歲比登稔。永平五年作常滿倉，立粟市於城東，粟斛值錢二十，府廩環積。旣欲復置常平倉，公卿議者多以爲不便。劉般曰：「常平外有利民之名，而內實刻百姓。豪右因緣爲奸，小民不得其平，置之不便。」乃止。然常平之弊，在經營之不得其宜，非制度之不善。故當時官廩雖實，民遇饑饉仍虞乏食。安帝永初三年，水旱大作，人民相食，遂令官民入錢穀得爲關內侯，此入粟相爵以宏救濟也。獻帝興平元年，三輔大旱，穀一斛，錢五十萬，豆一斛，錢二十萬，人相啖食，白骨委積。帝使侍御史侯反出太倉粟豆，爲饑民作糜粥，經日，而死者如故，帝疑賑恤有虛，乃親於御座前量試作糜，乃知非實，收侯反，杖五十，及獻帝駕至洛陽，見尚書郎官自出採稆，力不能自反，死於空巷。袁紹軍人皆資椹棗，袁術戰士取給蠃浦，當時食糧奇缺，於此可見。

武帝時，國用不足，桑弘羊行均輸平準之法，令遠方各以其物，如異時商賈所轉販者爲賦，而相灌輸。置平準於京師，受天下賦物之委輸，派大農諸官司其事，擇於價賤之處買之，價貴之處賣之，所有交易，政府與生產及消費者皆直接處理，不經中介之商賈，而權利遂操於政府矣。故武帝時，北至朔方，東封泰山，巡海上，旁北邊以歸，所遇賞賜，用帛百餘萬疋，錢金以鉅萬計，皆取給於大農。在糧食方面，則有山東之漕，歲六百萬石，太倉甘泉倉滿，邊餘穀，民不益賦，而天下用饒，是均輸平準之法，已收效於國力匱乏之時也。平準既有利於國家，然反對者終有所藉口，昭帝時霍光輔政，令郡國舉賢良文學之士，使丞相御史與民間疾苦，其涉及平準者曰：

「夫古之賦稅於人也，因其所工，不求其拙，農人納其穀，工女效其織，今釋其所有，責其所無，百姓賤賣貨物，以便上求。間者郡國或令作布絮，吏恣留難，與之爲市。吏之所入，非獨濟陶之縑，蜀漢之布也。亦人間之所爲平。行奸賣平，農人重苦，女工再稅，未見輸之均也。縣官猥發，闔門擅市，則萬人並收；並收則物價騰躍，騰躍則商賈牟利，自市則吏容奸豪，而富商積貨儲物以待其急；輕賈奸吏，收賤以取貴，未見準之平也。」

凡此弊端，皆爲執事者之不善，而非平準原則之不合理，弘羊雖始終維護其實行平準之初衷，多方嚴正駁斥，但仍不敵反對者之力量，遂獲罪致死，而平準之法廢矣。其失敗另一潛伏原因，則爲商賈之堅決反對；蓋自秦漢以降，當局雖以抑末爲策，但商賈之力量潛伏於政治之中，史家雖未明言，而推翻平準之制，商賈與有力焉。

三國紛爭，戎馬倥偬之際，未假計及民食。時至晉武帝穀貴而布帛賤，帝欲立平糴法，用布帛市穀以爲糧儲，泰始三年，詔下未見實行。四年，立常平倉，豐糴儉糶，以利百姓。八王亂後，民食奇艱，百官流亡者十有八九，民得幸存者十不及五。元帝寓居江左，無積儲之資，國用所需者，隨土所出，臨時折課市取，毫無定制，帝乃督課勸農，詔二千石長吏，以入穀多少爲殿最。直至孝武帝末年，天下無事，時和年豐，百姓始得安居樂業。延至安帝，兵革屢興，饑饉荐及，不數載，而晉室云亡。

宋文帝元嘉中，三吳水潦，穀貴民不得食，而富商蓄賈，乘機擡價，遂下令積儲之家，聽留一年備食，餘皆勒使糶貸，爲制平價。齊武帝永明元年，米穀貴而布帛賤，帝出庫錢五千萬於京師，市米買絲綿紋絹；其他揚州，徐州荆州南兗雍州各地，視其所宜，各出錢爲市糴，而米價遂跌。

隋統一華夏後，至開皇五年，工部尚書長孫平遂奏請設立義倉。考其原意，重在當社立倉，但開皇四年以後，十年之中，諸州頻旱，百姓饑饉，政府忙於給散，原意漸失。十四年實情最慘，文帝遣左右視民食，得豆屑雜糠帝爲之流淚，不御酒肴將一期，乃率民就食洛陽，從官并准見口賑給，不以官位爲限。十六年詔當縣設立社倉，准上中下三等稅，上戶不過一石，中戶不過七斗，下戶不過四斗，而義倉之制，至此發生絕大之變化。前者爲勸課出粟及麥，今則定爲稅制，由自由捐輸，變爲輸稅定額之制，前者當社立倉，社司可以執帳檢校，今已當縣立倉，開官吏挪用勸派之弊，賑給之事，人民不能過問矣。

唐高祖代隋而帝天下，其卽位之武德元年，置社倉及常平倉。太宗貞觀三年，從尙書左丞戴冑建議，自王公以上，計墾田稼穡頃畝，至秋熟準其見在苗，以理勸課，盡令出粟，稻麥之鄉，亦同此稅，各納其所在爲義倉。凡畝稅二升爲定制，其粟麥秔稻之屬，各依土地，貯之州縣，以備凶年。惟寬鄉歛以所種，狹鄉據青苗簿而督之。田耗十四者免其半，耗十七者皆免，商賈無田者，以其戶爲九等，出苗自五石至五斗爲差，下下戶及夷獠不取焉。其後洛、相、幽、徐、齊、并、秦、蒲諸州，皆置義倉。中宗時，令百姓應徵之米，每三年赴京繳納一次，民爲所困，開元四年始罷之。七年，關內、隴右、河南、河北五道及荊、揚、襄、夔、綿、益、彭、蜀、資、劍、茂等州皆置倉。其本上州三千貫，中州二千貫，下州一千貫，貸糧標準爲三口以下給米一石，六口以下二石，七口以下三石，給粟者準以米計折。二十五年定制王公以下，每年戶別據所種田畝，別稅粟二升以爲義倉。其商賈無田及不足者，上上戶稅五石，上中以下遞減各有差。天寶三年以後，海內富實，米斗直錢十三，靑齊諸州僅直三錢；絹一匹，錢二百；驢行千里，不持尺兵；道路列肆具酒食，以待行人。想見當時之民生富庶，盜賊消弭。其時國家歲入租錢二百餘萬緡，粟千九百八十餘萬斛，庸調絹七百四十萬疋，綿一百八十餘萬屯，布千三百五十餘萬端。義倉所儲之糧，在天寶八年時，乃有六千三百餘萬石。逮於穆宗，義倉之粟，常爲人盜用，致使小有水旱，生民坐委溝壑，遂令諸州錄事參軍寺主苟當。苟爲長吏迫制，許驛表上聞。考滿之日，戶部差官交割，如無欠負，與減一選，如欠少者，量加一選，欠數過多，戶部奏聞降級科處。

常平之制，起於太宗，於京東西置二倉。開元二年，歲豐，穀價全賤，乃令諸州加時價兩三錢糴米，不得抑勒。錢米交相付領，不得懸欠。十六年穀又普熟，以常平本錢及當處物，各於時價上量加三錢，百姓有糴易者爲收糴，事須兩和，不得限數配糴。天寶八年，其常平倉糧凡四百六十餘萬石，亂後，廢常平制者垂三十年。至德宗時，京師兩市置常平官兼儲布帛，復於江陵、成都、揚、汴、蘇、洪等州府，各置常平輕重本錢，多者百萬緡，少者亦數十萬，隨其所宜，積米粟布帛絲麻。德宗後，常平義倉之制，無顯著興廢實例。至文宗太和九年，以天下回殘錢置常平倉本錢，翌年又令諸州府置常平義倉，通公私田畝，別納一升，逐年添儲。太宗嘗問監倉御史崔虞以太倉穀數，虞曰：「有粟二百五十萬石。」帝曰：「今歲費廣而所儲寡，奈何？」於是詔出侍郎官御史督察州縣壅遏錢穀者。蓋其時豪民侵噬，產業不移戶，州縣不敢侵役，而税皆出於下貧。至於依富爲奴客，役罰峻於州縣，長吏歲輒遣吏巡覆田税，民苦其擾。

綜觀唐代倉儲成於貞觀，而盛於開元。自天寶亂後，蕩然無存，其言措置本錢，恢復倉儲者，皆藉名以濟私。大盜屢起，方鎮數叛，兵革之興，累世不息，而用度之數不能節矣。加以驕君昏主，姦吏邪臣，屢更其制，其實和糴之名，雖爲備荒濟民，然行之不善，更足以害農擾民也。

宋太祖即位後，承多事之秋，義倉廢寢，歲或小歉，先於預備，遂於建隆四年，詔諸州各縣置義倉，以官所收夏秋二税，石別税一斗貯之。乾德四年，因諸州義倉，用賑乏絕，重疊輸送，百姓煩勞，罷之。仁宗明道二年，詔復義倉，未果行。景祐中，集賢校理王琪，請令五等上戶，隨夏秋二税，二斗別税一升，水旱減税則免輸，有司議論異同，又不果行。慶歷初，祺復上其議，仁宗納之，命立義倉，詔三等戶以上輸粟，已而復罷，至是宋代義倉，置而復廢者已兩度矣。至神宗熙寧十年，詔於開封府界，先自豐稔畿縣，立義倉法，雖一度遍及京東西，淮南，河東，陝西諸路，但元豐八年又廢。哲宗紹聖元年，詔除廣南東西兩路外，並復置義倉。徽宗宣和五年，令京東西、江南、兩浙、荆湖諸路義倉穀，各留三分，餘並起撥赴京；而義倉之制，朝廷自壞矣。

宋之設常平倉，始於第一次義倉興而復廢之後。淳化三年，京畿大稔，分遣使臣於四城門置場增價以糴，貯於較近之倉。眞宗景德三年，始於京東西、河北、河東、陝西、淮南、兩浙皆立常平倉，特設司農寺以主其事。所儲之糧，三司不得移用。天禧四年，又於荆湖、川陝、廣南諸地置倉。仁宗景祐初，常平錢粟，致由諸路轉運使與州長吏舉所部官掌之。其後遂有州郡移用之事，乃詔止之。神宗熙寧二年，以常斂散，未得其宜，致行靑苗法。哲宗元祐元年，又詔提舉官，以累年積蓄錢穀財物，定作常平倉錢物，委提點刑獄交割主管，依舊行常平倉法。高宗紹興二年，規復常平倉制，講補助之政，以廣積儲。九年，以常平於民輸賦未畢之時，悉數和糴。其後亦有和糴以續常平，然皆所蓄有限，慶元以後，流弊滋多。

後周世宗顯德時，曾以雜配錢（正稅外之雜稅收入）分數折粟貯之，歲歉減價出以惠民，曰惠民倉。宋代大行推廣，於太宗淳化五年，令天下諸州遍置惠民倉，如穀稍貴，卽減價糶於貧民，不過一斛。眞宗咸平二年十月，從戶部員外郞成肅奏請設置惠民倉於福建，旋又下詔諸路轉運使，於所轄境內倡行此制。及孝宗天禧四年以後，此倉漸歸消滅。

廣惠倉僅行於宋代，旨在慈善放穀。當仁宗嘉祐二年，詔天下置廣惠倉，初，凡沒入絕戶田，官自鬻之。樞密使韓琦請留勿鬻，招募人耕，收其租而別貯之於倉，以給州縣郭內之老幼貧疾不能自存者。開始時，此倉歸諸路提點刑獄司專管，歲終，具出納之數，報之三司。戶不滿一萬，留田租千石，萬戶倍之，戶二萬，留三千石，三萬留四千，四萬留五千，五萬留六千，以此類推，及十萬戶仍留萬石，有餘則糶如舊。四年，改隸司農寺，州選官二人主出納，歲十月遣官驗視，應受米者書名於籍，自十一月始，三日一給，人米一升，幼者半之，次年二月止，有餘乃及諸縣，量大小均給之。淳熙四年，青苗法行，詔賣廣惠倉田。迨哲宗元祐三年，納范祖禹奏請復置廣惠倉，僅曇花一現耳。自是之後，孝宗乾德道五年，始重置廣惠倉於成都。寧宗元慶元年，又詔諸路提舉司同時遍設。但此制推行終不甚廣，宋以後亦不聞有行之者矣。

折中倉之制，始於太宗瑞拱二年。初，許商人入粟，優其價，令執劵抵江淮給其茶鹽，每一百萬石爲一界。眞宗以後，西北用兵，糧儲更缺，以大量茶鹽貨物，召商人入中，而姦商黠賈，遂至低價估貨，高價入粟。國家急仰軍儲，又法令素寬，不能杜其弊。後雖糴之於民，以免商賈操縱之病，但計其家產而均敷，量其蓄積而括索，甚或不償値而强敷其數，入中之制益壞。

豐備倉亦宋代所特有者。其創立之時期，蓋在高宗紹興二十六年，爲戶部尙書韓仲通奏請設置者。當建都臨安時，將上供米所餘之百萬石，貯藏別廩，以備軍儲及饑荒之用，該廩卽爲後來之豐備倉。不久又儲米二萬石於鎭江，建康等地，其時因借貸者衆，至紹興三十年夏，遂下詔使其補還。孝宗淳熙十五年，於農民青黃不接之時，使糶出久藏之米，至秋收復行補糴，在南宋一代，頗有助於賑濟之用。

社倉原師隋長孫平所建義倉之意，後經改變辦法，移設州郡，官吏管理，並按畝隨賦納繳社本，漸失當社置倉及由鄉縉紳經營之原義。至宋孝宗時，趙汝愚劉行簡等鑒於官辦義倉之擾民，屢請恢復社倉，皆不果行。至乾道四年，朱熹之故居崇安縣開耀鄉饑，向建寧府借常平米六百石，設置社倉。由熹與本鄉士居朝奉郎劉如愚共任賑濟，夏受粟於倉，各則加二計息以償，自此逐年斂散，或遇小歉，即蠲其息之半，大饑即盡蠲之。歷十四年，支息米造成倉廒三間收貯，將元數六百石還府，見管米三千一百石以爲社倉，不復收息，每石只收耗米三升。故一鄉四五十里之間，雖遇凶荒，人不闕食。熹遂請依義倉體之例，行下諸路州軍，曉諭人戶，有願依此置立社倉者，州縣量支常平米斛，責與本鄉人戶主執斂散，每石收息二斗，仍差本鄉士居或寄居官員人士，有行義者與本縣官同共出納。收到息米十倍本米之數，即送原米還官，將息米斂散，每石只收耗米三升。其有富家願出米作米者，亦從其便。息米及數，亦與撥還。如有鄉士風俗不同者，更許隨宜立約，申官遵守，實爲久遠之計。其不願立倉處官司不得抑勒，則亦不至騷擾。孝宗從其言，詔諸路倣行其法，而任從民便。

平糴倉係南宋末季理宗紹定淳祐間所設立。亦以救荒爲目的。創議者何人，雖無可考，然當時確曾一度普遍設立。如當時之福建即設有平糴倉，八閩通志載：

「曾用虎於紹定中知興化府軍事，立平糴倉，捐楮幣萬六千緡爲糴本。益以廢寺之穀，歲歉價高，則發倉以糶；歲豐價平，則散諸寺易新穀而藏焉。」

淳祐平糴倉五所，俱宋縣令劉漁捐錢爲糴本，委貢士章炎董之，後以糴本買田，積其歲入之禾，遇歉則以濟民，其中規模最大者爲首都臨安之平糴倉，該倉乃趙與憼所創辦，南宋末仍然存在。按武林掌故叢編中有淳祐臨安志載有倉場庫務一則，內云：

「平糴倉，淳祐三年大資政趙公與憼於藍橋之北，新橋東岸創設，至八年，增創凡爲三十八厫，積米六十餘萬石，以二十八字爲厫記：『生民全仰食爲天，百萬人家聚日邊，官有積倉平糴價，滿城和氣樂豐年。』每歲歉，散之以平市價」。

至度宋咸淳元年，撥公田米五十萬石付與平糴倉，待米價漲而糶之，此卽平糴倉之大略也。

遼雖馬逐水草，人仰湩酪，富以馬，强以兵，自侵入華夏以後，漸具建國之型，首重食貨。太宗卽位，敦勸農桑，敎民紡織，飭令部屬開闢農田，以事耕耘，有傷禾稼以軍法論罪。其對於糧食之重視，由此可見。聖宗統和十三年，詔諸道置義倉，歲秋，社民隨所穫，戶出庤倉。道宗大安九年，詔於東京沿邊五十餘城，各置和糴倉，出陳易新，約如常平之制。民間如自願借貸，收息二分，所在無慮二三十萬石，雖累兵興，未嘗廢之。

金興，首行和糴，只許民間留戶口歲糧，餘均納官給其息。其後命地方於秋熟後廣糴，以充軍糈，兼備水旱，而抑配之弊又起矣。大定十四年定常平倉制，不久尋廢。至章宗明昌元年，御史請復置常平倉。迄於宣宗貞祐三年，則行沿河遮糴之法，凡商人販粟渡河者，每石官糴共八，不得私渡。軍民旅客之粟，不糶於官糴處而私販渡者，杖一百。於是商販裹足不前，滄州等處斗米銀十四兩，殍殣相屬。翌年，以河北錢多，復行遮糴。在河南岸，以金銀絲絹等博易商販之糧轉之北岸，回易糴本，兼收見錢。至興定元年，民不堪擾，爲和糴而棄本業者日益衆。有餘之家，乘賤多糴，至用急時，以貸饑民，名爲無利，實則數倍，饑民得食艱難，莫敢與較，及秋方登，舉以還貸，因儲爲空，而民生更困，勢必不惜重利又求貸於富有之家矣。

元代對於民食措施，亦極重視。初令各路擇曉通農事者充勸農官，中央置勸農司，凡州縣吏之升降，以勸農之勤惰爲準。成宗以後，雖屢有勸農之詔，但有司視爲具文，行之不力。和糴始於世祖中統二年，大抵照市價略增十之一以糴，至元二十二年，始命江南秋收，官爲定例收糴，次年減價出糶，用充軍儲。至其所設常平倉，率皆設於河北、山東、陝西、河南等地，大江南北則不多見。義倉亦僅具其名，而無社倉之實，緣由社長主之也。豐年驗各家口數，每親丁納粟五斗，驅丁二斗，無粟者存留雜色糧，官吏不得拘檢借貸，荒歲就社戶給食。行之既久，雖倉庫充實，民但見其害，不蒙其利矣。

明太祖洪武初，令出楮幣二百萬貫，詔行省各選耆民，運鈔糴糶，於居民叢集處置倉，各州縣東南西北四所，以備賑濟，曰預備倉。凡民家有餘粟願易新鈔者，許運倉交納依時價償其直。洪武二十四年，恐耆民緣此擾害百姓，乃罷糴糶。成祖永樂中，令預備倉移置城內，其官吏侵爲己有，私貸於人，不復還倉，漸趨廢弛。英宗正統二年，戶部又以倉廩頹塌不葺，糧米逋負不徵，致歲凶缺食爲言。雖屢下復修之詔，多未徹底遵行；獨于謙巡撫河南，山西時，能修其政。憲宗成化六年，復開納粟免考之例，又定倉穀支放概由州縣親管，不許轉委作弊。孝宗弘治時，定州縣官考核辦法，如其數爲稱職，過其數而多增一倍，再有卓異政績，具題旌擢，仍給本等誥勅，過缺不須擢用。不及數者以十分爲率，少三年者罰俸半年，少五分者罰俸一年，少六分以上者是爲不職，候九年考滿，送吏部降用。正德元年，又令囚納楮者，以十之八折米入預備倉。以上各制，已可謂嚴密，然當時各倉無甚積蓄。世宗嘉靖六年，乃倣平糴常平之法，無則放賑貧民，秋成抵斗還官，不取其直。嘉靖中，州縣儲糧，皆不及數，遂又酌減以上中下三等爲標，雖以積蓄多寡而定賞罰之法，然泄沓者視爲具文，縱減至極少之數，亦不爲備。

明之常平倉，爲官吏與士紳所籌設，政府幷無定制。當熹宗時，汪道亨在陝令各縣推行常平倉，指示糴糶及管理之法，先令米行，每日從實報價，一憑時估而量增收糴，不拘穀粟，各從其類收貯。其出糶也，每年斟酌豐歉而調節之。至管理方面，重在司帳，置簿二冊，一注糴本錢，一注糴糶穀石，分別記載銀錢收付及穀石出納。出糶事畢，如償糴本，已足常平舊管原額，尚有餘剩，作爲新收，仍充糴本，如凶亂之年，則以餘粟分賑極貧。

社倉行於英宗正統初年，因原有之預備倉，縣止一二所，居民星散，賑給之時，追呼拘集，輒淹旬月，饑民不待給而斃。有司請增社倉，仍取朱熹之法，參酌事宜，定爲規劃。嘉靖中，兵部侍郎王廷相，請將義倉貯之村里，凡一村之間，約二三十家爲一會，每月一舉，策上中下戶捐粟多寡，收貯於倉。推有德者爲社長，善處事能會計者副之。歲凶計戶給散，先中下，後及上戶，上戶責之償，中下者免之。給貸悉隨於民，第令登記簿册，以備有司稽考。則無官府編審之煩，亦無奔走道路之苦。八年，乃令各路撫按設立社倉，初責上等之家出米四斗，中等二斗，下等一斗，每年加耗五合。其後富者鮮仁，多不出粟，而中下之戶，所輸爲數有限，制遂破壞。

清軍入關後，兵馬倥偬，未暇計及民食。迄順治十一年，近京地方，米價騰貴，有銀不能易米，乃勸諭殷實之家輸穀麥，以濟饑民。經此饑荒之後，方知積儲之重要，進而規復常平社義各倉，責成各道員稽查，爲州縣料理舊積新儲，各應行事宜，是由督撫每二年造册報部，令各州縣自理罰鍰，春夏積銀，秋冬儲穀，悉入常平倉備用。十七年定常平倉糶糴之法，嚴令各地方官整理常平倉，勸諭官紳士民，捐輸米穀，照例議敍。鄉村立社倉，市鎮立義倉，公舉本里敦厚善良之人，出陳易新。十九年，以積穀原備境內凶荒，若撥斛外郡，則未獲救濟之利，本地人民必將憚於從事，嗣後常平積穀，留本州縣備賑，義倉社倉積穀，留本村鎮備賑，永負協濟外郡，以爲樂輸者勸。二十一年，察議各省辦理積儲，多有名鮮實，一遇水旱，仍未能接濟，遂再申實力辦理常平社義諸倉之詔。康熙時，州縣有司，惟恐穀貯過多，平時難於照料，離任時又難於交盤，乃視積貯爲敷衍之舉。乾隆九年，各省米價昂貴，朝臣歸咎於常平買穀過多所致，遂有停買倉谷之令。翌年，以停買倉穀有失設立常平之旨，又令各省督撫酌量各地實際情形，相機處理。雍正時，倉儲多寡無定，乃依乾隆十三年以前現額爲準。福建環山帶海，商販不通，廣東嶺海交錯，產穀無幾。貴州跬步皆山，不通舟楫，倉儲宜稍充裕，遂即以當時現存穀數爲定額。

各省常平儲穀雖有定額，然官吏因循玩視，不爲先事預計，往往臨時邀因截漕，藉爲常例。自乾隆十八年至二十七年中，各省截留漕米五百四十餘萬石，平糶米四十六萬餘石京通兩倉，積儲缺乏。及至災荒發生，州縣以倉無積穀，未能賑濟。乃又通令整頓，責州縣不肖官吏，不準任意侵挪虧缺，存糶買補，亦因環境需要而有變異。順治十七年，定常平倉春夏出糶，秋冬糴還，此卽出陳易新之意。康熙三十年，定爲除散賑不限時令外，餘於每年三四月中照市價平糶。五月中將平糶價銀盡數解貯道庫。九月初旬，仍令各州縣買新穀還倉。三十四年，始題准江南積穀以七分存倉備賑，三分發糶，秋收買還，所謂存七糶三制也。乾隆七年，以糶三存七之制，如遇荒年，無補於民食，乃飭地方官吏，交出倉儲，減價平糶，務期有濟民食，不必拘泥成例。或全數停糶或酌糶十之一二，皆因時因地而異。

清初社倉，僅在明末原有者保持，康熙十八年，始有鄉村立社倉市鎮立義倉之詔。二十八年，因直隸旱災，重申舉辦社倉詔，但效果極小。實由於勸諭困難，經理棘手，官吏苛擾所致。雍正二年，令各省設立社倉，但組織漫無標準。州縣輒以官法相督，不聽民間自理，更有照正賦額加徵社穀一石者，苛例煩擾，民不安居。乃議社倉法頒法各省，仍以各地風土有殊，頗難劃一，遂致選擇一省中數州縣先爲試行，俟效著後再推行全省。

常平社義諸倉，雖行之皆有弊端，然非制度之不善，而執行者之不力也。此外尚有營倉，爲士兵借糶之設，以直省及沿邊，沿海，與距省垣遙遠者均設立之。其穀本大半動用漕糧，或司庫銀錢，由各營籌備注營，於青黃不接時出借，或辦平糶，於收成發蝕時扣還買補還倉，並不計息。

清之季世，內政腐化，倉儲制度多已廢弛。民國初建，干戈擾攘，一切庶政，徒具虛文，並無遠大之圖。因之倉儲整頓，亦鮮注意。民十七年，國民政府奠都南京，庶政刷新，遂開始注意倉政。除救荒方面，參考往制，訂定積穀制度施行外，復依照世界各國成例，倡辦農倉；以調劑糧食盈虛，活潑金融，便利運銷爲目的。茲分別簡述於後。

積穀倉　內政部初於十七年頒布義倉管理規則，以恢復舊倉爲主旨，十九年又修正爲地方倉儲管理規則，二十五年後修正爲各地方建倉積穀辦法大綱，按照規定，積穀倉可分爲縣倉，市倉，區倉，鄉倉，鎮倉，義倉六種，除義倉由私人捐助款項，呈准設立，歸私人管理受政府監督外，其餘則均由公款創立，但若無公款時，可用派收或捐募辦法。其倉庫管理，則由各級政府或辦事人員爲主體，另由公正士紳協助。倉穀處理，則分平糶，散放，貸放三種。按其性質，係混合從前義倉與社倉之辦法，以救荒爲主，並輔以農貸之作用。

農倉　積穀倉爲中國歷代相因之制度，而農倉則係適應經濟新需要之產物。過去倉儲之作用，主在救荒備災，平抑物價。而農倉之目的，則在調劑農產品價格，活潑金融，便利運銷。在民國十八年，江蘇省農民銀行卽開始經營農業倉庫，行政院農村復興委員會於二十二年五月決議：農民銀行須在各縣設立農業倉庫，實業部於二十二年草擬農倉法草案，二十四年公布後，繼於二十六年頒發施行條例，是年五月實業部復在首都附近辦理中央模範倉庫，同時豫、鄂、皖、贛四省農民銀行亦發布各行附設農業倉庫章程，各省政府多列舉辦農倉業務爲行政要項，而各銀行在此期間，亦競在各地分支行辦事處附設倉庫，辦理農產品抵押貸款，或單獨辦理，或與運銷合作社合辦，此外農本局亦於二十五年成立，積極辦理農倉業務。總計民國二十五年至抗戰起，農倉事業，可謂風起雲湧盛極一時，積穀辦法之加進農產抵押借款辦法，亦受此潮流之影響。

莊倉　在積穀與農倉熱烈進行狀況下，山東鄒平實驗縣曾有莊倉制度之創立，照章程原係根據積穀辦法大綱之辦法，但其性質則係兼採義倉社倉之精神，而復參以農倉之意味；其辦法則以合作方式爲主要特徵。倉設於納糧區劃之莊，貸出品收息與義倉同。倉本由加入社員按畝徵納，則又略同於古代之義倉。惟古代義倉，其徵納之穀，即為義倉所有，此則保留社員之權利。其目的一在積穀備荒，二在儲蓄致富，三在平準糧價，四在確立信用之基礎，五在調劑農村食用供需。惟就辦法研究，則平準糧價力量甚小，而因保留社員權利，儲蓄致富一點，似甚重要。此項糧倉，雖為較新穎之辦法，惟施行成績尚待試證。

民國二十六年抗戰軍興，需用浩繁，軍糈民食，統應兼籌並顧。至三十年後，始為適應環境，田賦收徵實物，糧儲倉制，遂亦略有更始。今就其倉儲之作用，約可分為收納倉庫，軍糧倉庫，集中與聚點倉庫等三種：

（一）收納倉庫：分布於全國各鄉區，依照三十一年度標準，每縣平均設徵收處八處，每徵收處准設四倉，三十二年度復經改為五處，每處倉庫數仍舊。三十一年度並由糧部規定修四建一原則，由各徵實縣田賦管理處，根據省田賦管理處之指導籌設。其無舊倉可修並不便新建者，亦准租用民房。

（二）集中倉庫與聚點倉庫：集中倉與聚點倉為糧食部及其附屬糧政機關，辦理糧食集中撥交之作，由散在之收納倉，集中於交通便利之處，以便外運，此為初度集中。凡供初度集中用之倉庫，均稱為集中倉庫；多在縣境內交通中心。集合若干集中倉之糧，再度集中，凡供再度集中用之倉庫，稱為聚點倉庫；其所在地為更較撥交便利之區域，以迅收事功為準繩。

（三）軍糧倉庫：此種倉庫爲軍政部所主管，其目的在便利軍糧之補給與存儲，設置地點，大概在駐軍地區較多。

依上所述，倉儲制度之演變，不難窺及全豹矣。至如何適應目前環境，檢討利弊，以籌建完備之系統，垂之久遠，實爲當今之急務也。

第二章　分論

（一）常平倉

常平倉爲常設之官辦機關，由官府買賣穀物，用以調劑物價，旨在平價兼備救荒。至其起源，始於戰國之際。魏文侯時李悝首創常平之說：

「糴甚貴傷民，甚賤傷農，民傷則離散，農傷則國貧，故甚貴與甚賤，其傷一也。善爲國者使民與傷，而農益勸。今一夫挾五口，治田百畝，歲收畝一石半，爲粟百五十石，除什一之稅十五石，餘百三十五石。食，人月一石半，五人終歲，爲粟九十石，餘有四十五石，石三十，爲錢一千三百五十，除社閭嘗新春秋之祠，用錢三百，餘千五百。衣，人率用錢三百，五人終歲，用千五百，不足四百五十，不幸疾病死喪之費，及上賦斂又未與此。此農夫所以常困，有不勸耕之心，而令糴至於甚貴者也。是故善平糴者必謹觀上中下孰，上孰其收自四，餘四百石，中孰自三，餘三百石，下孰自倍，餘百石。小饑則收百石，中饑七十石，大饑三十石。故大孰則上糴三而舍一，中孰則糴二，下孰則糴一，使民適足，賈平則止。小饑則發小孰之所斂，中饑則發中孰之所斂，大饑則發大孰之所斂而糶之。故雖遇饑饉水旱，糴不貴則民不散，取有餘而補不足也。」（文獻通考卷二十一）。

李悝穀賤傷農，穀貴傷民之說，殊近越之計然，而其斂散則與管子輕重相似。窺其意則在民食調節，取豐年之有餘，補凶年之不足，俾劑於平，此常平倉之由來也。

兩漢

漢承秦後，兵爭連年，男人力耕不足糧饟；女子紡織不足衣服。饑饉流行，死者泰半。高祖時竟有賣爵以資用，鬻子以求存之現象。至文帝時躬修節儉，思安百姓，乃有賈誼之奏凱，鼂錯之請貴粟勸農。（見農政全書荒政篇）。以充民食，而利國用。及宣帝即位，百姓安土，數歲豐穰，至五鳳四年正月，大司農中丞耿壽昌遂奏曰：

「故事，歲漕關東穀四百萬斛，以給京師，用卒六萬人。宜糴三輔（京兆、鴻翔、扶風三郡），弘農，河東，上黨，太原郡穀，足供京師，可省關東漕卒過半。」

又曰：

「請令邊郡皆築倉，以穀賤時增其價而糴，以利農，穀貴時減價而糶，名曰常平倉。民便之。上乃下詔賜壽昌關內侯。」（文獻通考卷二十一）。

是時全國創設此制，大規模興築倉庫。唯耿氏常平倉意在注重邊實，而於民食之調節，似未計及。至元帝即位時，運用乖方，發現與民爭利之弊，遂爲朝廷所罷免。嗣後漢明帝承光武中興之後，天下安寧，民無橫徭，歲比登稔。永平五年，乃立常滿倉，公卿議者多以爲不便，劉般言：

「常平外有利民之名，而內實侵刻百姓，豪右因緣爲奸，小民不能得其平。」（後漢書劉般傳）。乃止。在當時（顯宗時）東京去西京未遠，已有侵刻爲奸之弊，是以良法必待其人而後行，不得其人，利民之法，適以累民，然利有大小，弊有輕重，常平爲備荒良法，苟得中材以守之，弊輕而利大，固不可廢也。總之，常平之弊，實則非制度之不善，而在經營之不得其宜，因此官廩所實，非爲民食，蓄積不充，及遇饑饉，乃無術調節。

晉

晉武帝時，穀賤而布帛貴，帝欲立平糴法，用布帛市穀以爲糧儲。（通志卷六十三）。泰始二年乃下詔曰：

「……古人權量國用，取贏散滯，有輕重平糴之法，理財鈞施，惠而不費，政之善者也。然此事久廢，希習其宜。而官蓄未廣，言者異同，財貨未能達通其制。更令國寶散於穰歲，而上不收，貧弱困於荒年，而國無備；豪人富商挾輕資，蘊重積，以管其利，故農夫苦其利，而末作不可禁也。」（文獻通考）。

然爲議者所阻，竟未行。「四年乃立常平倉，豐則糴，儉則糶，以利百姓」。（通志卷六十三）。

宋文帝時，「元嘉中，三吳水潦，穀賤人饑。彭城王義康立義，以東土災荒，人凋穀踴，富商蓄米，日成其價。宜班（疑頒字）下所在，隱其虛實，令積蓄之家，聽留一年儲，餘皆勒使糶貨，爲制平價」。（通志卷六十二）。

南北朝之時，北齊武帝永明元年，「天下米穀布帛賤，帝欲立常平倉，市積爲儲。」（文獻通考）。

北魏太和十三年詔求安民之術，祕書監李彪上議，請立常平倉。李彪云：「國本黎元，人資粒食，是以昔之賢王，莫不勤勸稼穡，盈虛倉廩。……若先多積穀，豈有驅督老弱，餬口千里之外。……年豐糴積於倉，時儉則加價之二，糶之於人；如此民必力田，以買官絹，又務貯財，以取官粟；年登則當積，歲凶則直給。……數年之中，則穀積而人足，雖災不爲害矣。」（魏書李彪傳）。

帝善之，太和三十年遂置焉。

隋

隋統一華夏，國計頗豐，至文帝開皇三年，以京師倉廩猶虛，議爲水旱之備，詔於衛州置黎陽倉，洛州置河陽倉，陝州置常平倉，華州置廣通倉。復於京師置常平監，濬關東及汾晉之粟，轉相灌注，以給京師。（文獻通考）。

唐

唐代常平倉之設置，始於太宗，先就洛、相、幽、徐、齊、幷、秦、蒲諸州置倉，並規定其儲藏年限，爲粟藏九年，米藏五年，下濕之地，粟藏五年，米藏三年。

「高宗永徽六年，又於京東西二市置常平倉。」（通典）。

玄宗開元二年咸豐，穀價全賤，慮傷農，乃令諸州加時價兩三錢糴米，不得抑勒，錢米交相付領，不得懸欠。備歲儉時，穀米必貴，即令減價出糶。其豆穀等堪貯者，亦準此以時出入，至常平所需錢物，由所司支料奏聞（見册府元龜）。「七年勅關內隴右河南河北五道及荆、揚、襄、夔、綿、益、彭、蜀、漢、劍、茂等州置常平倉。所有倉本，上州爲三千貫，中州爲二千貫，下州一千貫，每糴，其本利與止倉帳同申」。（文獻通考）。十二年八月，詔曰：「蒲同等州，自春偏旱，慮來歲貧下少糧，宜令太原倉出十五萬石米付蒲州，永豐倉出十五萬石米付同州，減時價十錢糶與百姓。」（文獻通考）。至十六年穀又普熟，令以常平本錢及當地穀物，各於時價酌加三錢，百姓有糶易者爲收糴，事須兩和，不得限數糴。二十二年定貸糧之額，凡應給貸糧，本州錄奏，待勅到時，三口以下，給米一石，六口以下兩石，七口以下三石，給粟準米計拆。但待至本州奏報，奉勅始行賑給，道路遙遠，往返淹遲，民因待賑而活，恐早以饑餓而死。故二十八年改令給訖奏聞，可沾實惠。天寶六年，太府少卿張瑄奏曰：
「貴時賤價出糶，賤時加價收糴，若百姓未辦錢物者量事賒糴，至粟麥熟時徵納。到納錢日，若粟麥雜種時價甚賤，恐更迴易艱辛，請加價便於折納。」（文獻通考卷二十一）。
至天寶八年常平倉糧凡四百六十萬二千二百二十石，計

關內道	三七三、五七○	河北道	一、六六三、七七八
河東道	五三五、三八六	河西道	三一、○九○
隴右道	四二、八五○	劍南道	一○、七一○
河南道	一、二一二、四六四	淮南道	八一、一五一
山東道	四九、一九○	江南道	六○二、○三○

（此表錄自文獻通考）

天寶之後，戰亂頻仍。德宗時常平倉廢垂三十年，凶荒潰散，饑餒相食，不可勝計。德宗卽位於京師，其兩市均置常平官，趙贊請推而廣之，他以爲「軍興之時，與承平或異，須儲布帛，以備時需，於東西兩都，江陵、成都、楊汴蘇洪等州郡，各置常平輕重本錢，上至百萬緡，下至數十萬貫，隨其所宜，量定多少，唯置斛斗疋段絲麻等，候物貴則下價而出之，賤則加價收糴，權其輕重，以利疲人。」並請於「諸道津會置吏閱商賈錢，每緡稅二十，竹木茶漆稅什一，以贍常平本錢。」。

德宗納其策，唯屬軍用蹙迫，隨而耗竭，亦不能備常平之積。（以上見文獻通考卷二十一）。其時適值朱泚作亂，德宗雖欲廣行趙贊之策，亦未能實行。及朱泚亂平，帝居奉天，鑑於昔日苦窘，務爲聚斂，以蓄私財，希旨與利者益進。

德宗貞元九年用諸道鹽鐵使張滂之言，就出茶山縣及茶山外商人要路，以三等定估，什稅其一，每稅得錢四十萬緡，稅無虛歲，其遭水旱處，亦未嘗以錢贍。當時陸贄請以此錢與復倉儲，奏曰：

「語曰，百姓足君孰與不足，百姓不足君孰與足，此言君養人以成國，人戴君以成生，上下相成，事如一體，然則古稱九年六年之蓄者，蓋率土臣庶通爲之計耳。固非獨豐公庾，不及編甿，記所謂雖有凶旱水溢，人無菜色，良以此也。後代失典籍備慮之旨，忘先王子愛之心，所蓄糧儲，惟計廩庾，犬彘厭人之食而不知檢，溝壑委人之骨而不能恤，亂與於下，禍延於上，雖有公粟，豈得而食諸。故立國而不先養人，國固不立矣；養人而不先足食，人固不養矣；足食而不先備災，食固不足矣。」（陸宣公集均節賦稅恤百姓第五條）。

此乃針對德宗之務爲聚斂而言，亦可見民食儲備之重要，其奏復言：

「……如時當大稔，事至傷農，則優於價錢，廣其糴數，穀若稍貴，糴亦便停，所糴少多，與年上下，准平穀價，恆使得中。每遇荒災，即以賑給，小歛則隨事借貸，大饑則錄分頒，許從便宜，務使周濟，循環斂散，遂以爲常。」（陸宣公集）。

陸贄建議之倉儲辦法，就此節言之，可謂迹近常平倉制，若綜觀全文，又似義倉。此陸贄所以謂：

「平糴之法斯在，社倉之制兼行。」

蓋因介乎常平義倉之間也。

德宗之後，常平倉處於若存若亡之間，遇米貴時則出官倉米穀，賤價出糶。憲宗元和元年制：

「歲時有豐歉，穀價有重輕，將備水旱之虞，在權聚斂之術。應天下州府，每年所稅地子數內，宜十分取二分，均充常平倉及義倉，仍各逐穩便收貯，以時出糶，務在救人。賑貸所宜，速奏。」

其後常平倉粟，僅用以賑給京師，及各州郡災荒饑饉。文宗太和九年以天下回殘錢置常平倉本錢，歲增市之，非遇水旱不增者，判官罰俸，州縣侵借以枉法論。開成元年，又從戶部奏，以諸州府所置常平義倉，今後通公私田畝，別納一升，逐年添貯義倉。斂之至輕，事必通濟，歲月稍久，自致盈充，縱遇水旱之災，永絕流亡之患。

唐代倉儲成於貞觀之世，盛於開元之際，而自天寶安史亂後，蕩然少存。史書有云：

「自天寶以來，大盜屢起，方鎮數叛。兵革之興，累世不息。而用度之數，不能節矣。加以驕君昏主，姦吏邪臣，取濟一時，屢更其制，而經常之法，蕩然盡矣。」

宋

常平倉係在宋太祖義倉興而復能之後始建，蓋起在太宗淳化三年（林駉常平義倉論中爲二年）矣。是年京畿大稔，分遣使臣於首都（開封府）四城門各置一場，增價以糴，就近倉庾貯之。遇歲饑時，即廉價糶出，以濟災民，名曰常平。史稱：

「宋大中祥符二年六月，分遣使臣出常平倉粟麥，於京城四方開八場，減價糶之，以平物價。」（宋史食貨志）。

此卽宋代常平倉之初建也。自「眞宗景德三年於京東、京西、河北、河東、陝西、淮南、江南、兩浙皆立常平倉」。（文獻通考）。沿邊州郡不置，特設司農寺以主其事。其辦法條列於後：

（一）糴本　計州郡戶口多寡，量留上供錢自二三千貫至一二萬貫。

（二）糴糶　夏秋視市價量增以糴（量增三五文），糶則減價亦如之，惟所減不得過本錢。但災傷州郡糶粟，斗毋過百錢。皇祐初，京畿大饑，出貸常平倉粟，中下戶，戶一斛。慶歷中，發常平粟振濟平民，照元價添十文十五文出糶，經陳升之奏明後，乃詔以元糴價出售。

(三)儲量　地方有萬戶，歲糴萬石，戶雖多，以五萬石止。但地方官吏於元約數外，增糴及一倍以上者爲有勞績。

(四)儲期　三年以上不糶，卽回充糧廩，易以新粟。

(五)管理　地方由轉運使擇幹練官吏主之。

(六)限制　所儲之糧，三司勿輒移用。

天禧四年又於、荆、湖、川、陝、廣南皆置常平倉，凡諸州通河及大路繁密處多糴，其僻居山險地方，止約本處主客戶收糴。五年總計諸路總糴數目十八萬三千餘斛，總糶數目二十四萬三千餘斛。仁宗景祐初常平錢粟，改由諸路轉運使與州長吏所部官掌理。其後乃有州郡移用之事，遂詔止之。不數年間，常儲積有餘，而兵食不足，命司農寺出常平錢百萬緡，以助三司充實軍費。久之，移用數多，而蓄藏漸少矣。

英宗治平三年常平糴數已有五十萬一千四十八石，糶出四十七萬一千一百五十七石。(見宋史食貨志。)迨神宗熙寧二年僅就常平倉穀儲額計達一千四百萬貫石，以大司農主其事，後以常平倉斂散未得其宜，而行青苗法。哲宗元祐元年二月，詔提舉官，累年積蓄錢穀財物，盡樁作常平倉錢物，改委提點刑獄司主管，依舊常平倉法行之。蓋其時青苗法初罷，司馬光箚子有云「常平之法，公私兩利，此乃三代之良法也。」(文獻通考)。其所以未得其宜者，實由於執行之不善耳。其言曰：

「常平之法公私兩利，此乃三代之良法也。向者有因州縣闕常平糴本錢，雖遇豐歲，無錢收糴。又有官吏怠忽，厭糴糶之煩，雖遇豐年，不肯收糴。又有官吏不能察知在市斛斗實價，只信憑行人與蓄積之家，通同作弊。當收成之時，農人需錢急糶，故意小估價例，令官中收糴不得，盡入蓄積之家。直至過時，蓄積之家，倉廩盈滿，方始頓添穀價，中糶入官。是以農夫糶穀，止得賤價，官中糴穀，常用貴價，厚利皆歸蓄積之家。又有官吏雖欲趁時收糴，而縣申州，州申提點刑獄司，提點刑獄司申司農寺，取候指揮，比至回報，動涉累月，已至失時，穀價倍貴。是致州縣常平倉斛斗有經隔多年，在市價例終不及元糴之價，出糶不行，以致堆積腐爛，此乃法因人壞，非法之不善也。」（文獻通考卷二十一）。

然常平倉仍未盡行，是年四月，已再立常平錢穀給斂出息之法。及高宗紹興二年復常平倉，講補助之政，以廣儲蓄。九年，以常平錢於民輸賦未畢之時，悉數和糴，至其後亦有請留和糴以續常平，然皆所蓄有限。慶元以後，流弊百出，每況愈下矣。

遼金

契丹爲遊牧部落，馬逐水草，人仰湩酪，富以馬，强以兵，及侵入華夏，據有廣土，漸具建國之型，始重食貨之用。自太宗定國號爲遼，改元會同，乃敦勸農桑，敎民紡織，自此國富民足。至道宗淸寧二年，遣使分道平賦稅，繕農器，勸農桑。大安九年詔廣積儲以備水旱，復於東京沿邊五十餘城，各置和糴倉，出陳易新，約如常平之制。至天祚帝天慶間歲大饑，人相食，金人入侵，遼遂亡。

金興，首行和糴。至世宗大定五年責宰臣曰：「積儲爲國本，當修倉廩以廣和糴。」六年勅有司：「秋成之後，可於諸路廣糴，以備水旱。」九年正月：「去歲河南豐稔，宜令所在廣糴，以實倉廩，詔州縣和糴，毋得抑配百姓」。十二年十二月詔：「在都和糴，以實倉廩，且使錢幣通流。」又詔：「秋孰之郡和糴，以備水旱。」十四年定常平倉制，中外行之，不久尋廢。十六年五月諭左丞相紇石列良弼曰：「西邊自來不備儲蓄，其令所在和糴，以備緩急」。十七年春尚書奏曰：「奉詔賑濟東京等路饑民，三路粟數不能給。」上曰：「朕嘗諭卿等豐年廣糴，以備凶歉，卿等皆言天下倉廩盈溢，今欲賑濟，乃云不給。自古帝王皆以蓄積爲國長計，朕之積粟，豈欲獨用？卽今不給，可於鄰道取之，自今多備，當以爲常。」嗣後章宗明昌元年八月御史請復設常平倉，勅省臣評議。省臣曰：

「大定舊制，豐年則增市價十之二以糴，儉歲，則減價十之一以出，平歲則已。夫所以豐則增價以收者，恐物賤傷農；儉歲減價賦出者，恐物貴傷民，增之減之以平粟價，故謂常平。非謂使天下之民專仰給於此也。今天下生齒至衆，如欲計口使餘一年之儲，則不惟數多難辦，又慮出不以時而致腐敗也。況夫有司抑配之弊，殊非經久之計。如計諸郡縣戶口，例以月支三斗爲率，每口但儲三月，已及千萬，數已足以平物價，救凶荒矣。若令諸處自儲官兵三年食外，可充三月之食者免糴，其不及者俟豐年糴之，庶可久行也。然立法之始，貴在必行，其令提刑司各路計司兼領之，郡縣吏沮格者糾，能推行者加擢用。若中都路年穀不熟之所，則依常平法，減其價三之一以糶」。（金史食貨志）。

乃復設常平倉，「三年八月，勅常平倉豐糴儉糶，有司奉行勤惰褒罰之制，徧諭諸路有奉行滅裂者，提刑司糾察以聞」。又謂宰臣曰：「各處常平倉，往往有名無實，況遠縣人口，豈肯跋涉，直就州府糴糶。」於是設制，「縣距州六十里內就州倉，六十里外則特置倉」，州府縣官兼提控管勾，又以舊制，「備戶口三月之糧，恐數多致損，致令戶二萬以上備三萬石，一萬以上備二萬石，一萬以下五千以上備一萬五千石，五千戶以下備五千石。河南、陝西、屯軍儲糧之縣，不在是數。州縣有倉仍舊，否則創置」。至關於官吏交代，如「郡縣吏受代，所糴粟無壞，一月內交割給由，如無同管勾，亦准上交割，違限，委州府並提刑司差官催督監交。」考成，則凡「本處歲豐而收糴不及一分者，本等內降，提刑司體察直申尚書省，至日斟酌黜陟。」其年九月「又勅置常平倉之地，令州府管提舉之，縣官兼董其事，以所糴多寡，酌量升降爲永制。」五年九月，「是時，常平倉總數五百一十九處，積粟三千七百八十六萬三千餘石，可備官兵五年之食，米八百一十餘萬石，可備四年之用。而見在錢，總計三千三百四十三萬貫有奇，僅支三年以上。見錢既少，且比年稍豐，而粟價猶貴。若復豫糴，恐價騰踴，於民不便，遂詔：權罷中外常平倉和糴，俟官錢羨餘日舉行」。（以上見金史食貨志卷五十）。

明昌三年十月，曾於上京路諸縣置常平倉。四年十月亦罷之，其理由以爲「上京，浦餘（浦與），率賓（速頻），哈喇呼爾罕等路，明安，穆昆民戶計一十七萬六千有餘，每歲收稅粟二十萬五千餘石，所支者六萬六千餘石，見存總數二百四十七萬六千餘石，收多支少，遇災足以賑濟，故罷之。」

元

常平倉設於元世祖至元六年，豐年米賤，官得增價糴之，至米貴之時，官減價糶之。八年以和糴糧及諸河所撥糧，儲於常平倉。常平收糴糧斛，驗各月時估，以十分爲率，添搭二分（即照價加二分）。不得椿配百姓，貧家缺食者，即依例出糶。二十三年定錢法，又以鐵課充糴本。武宗至大二年九月，令諸路府縣設立常平倉（河北、山、陝、魯），以權物價，俾於豐年收糴粟麥米穀，俟青黃不接時，照時估減價出糶，以遏沸湧。卒以連歲不登，立之反以害民，遂罷。

明

明代常平倉，由官吏與仕紳籌設，國家不為定制。神宗萬曆二十九年，福建鄉官陳長祚等倡議建立常平倉於官，勸設義倉於民，由巡撫奏請量加服色，以示獎勵。此外則於熹宗天啓年間，蔡懋德議行：

「常平遺法，以廣儲蓄，請發帑庫餘金為本，每歲於產米價賤時，委廉幹丞簿收積，至來歲照時價糶之，必有微息，逐歲漸增，以備荒歉，米多則價自減，糶平則人不爭，蓋貴設法使米有餘，不在減省錙銖見德也。」（明史）。

遂令延綏各堡糴買倉儲，而亦無其制。其他更甚少見，但汪道亨在陝時，曾令各府州縣推行常平倉制。茲錄其糴糶辦法，以資參考：

（一）收糴　（1）先令米行，每日從實報價，一憑時估而量增收糴，不拘穀粟各從其類收貯。各鄉民赴倉糶售，用平斗隨到隨收，不許類集，致令鄉民等候。價比市略增若干，該價若干，登時支給，亦不許類數總放，致有豪强作弊等事。嚴禁牙行街棍，詐稱官糴，愚弄鄉民情事。（2）所收之糧，務要乾圓潔淨，能耐久儲，不許攙和溼秕。（3）儲藏之處，務須高爽堅固，倘遇年豐登，不便糶賣，亦可儲藏一二年，仍勤加翻曬，免致紅腐。

（二）出糶　每年斟酌豐歉而調劑之。如遇豐年，小民不甚乏食，或十石或五七石，聽民間時估買糴。荒年米穀騰貴，照市減價出糶，亦許貧民，不拘升斗，陸續糴買，多亦不許過五斗或一石。其極貧之家，無銀赴市者，聽社倉公廩分賑之。如有市肆牙行豪富之家，希覬價減，假名收買，應嚴密稽查，依法懲治。至青黃不接時，減價出糶倉穀，不必上市，先行出示穀每石折米若干，市價若干，不分多寡，先將銀錢收下，給以圖書印票。收銀畢，開廠放穀，用準斗準斛發放，不得用手抹量，致有高下之弊。如有市商壟斷，每日每名更人，多糴過十石以上營利者，訪出或訐發拿究問罪，完日枷號一月。

(三) 會計　置簿二冊，一注糴本銀，一注糴糶穀石，分別記載銀錢收付及穀石之出納。出糶事畢，如扣下糴本，已足常平舊管原額，尚有餘剩，作爲新收，仍充糴本。又或大荒之年，如行糶已收回原本，尚有餘粟，即用以分賑極貧之人，亦無不可。

徐光啓放糶倉穀，係用木籌編列字號，持銀赴糴，將銀數，穀數登簿，塡單付糴人收執，並給以籌。每十人爲一批，擊鼓三聲，入廠領穀。發穀後卽於單上注「發訖」二字，鳴鑼放出。出入之際，均驗明有無單據，以防流弊。

清

清承明後，兵馬倥傯，未暇計及民食，饑饉之末，繼以兵災。順治十一年諭賑濟直隸大臣巴哈納等曰：「近京地方，米價騰貴，饑民得銀，尤恐難於易米，殷實之家，有能捐穀麥或減價出糶，以濟饑民者，爾等酌量多寡，先給好義匾額，及羊酒幣帛，以示旌表。」

自經此大饑荒後，方知積蓄之重要，乃進而規複常平義社諸倉以防災荒，乃議：「常平義社諸倉，以積穀多寡，定有司功罪，時各府州縣俱有常平義社各倉，逐責成各道員專管稽察舊積，料理新儲應行事宜，聽呈督撫具奏，每年二次造冊報部，以定該道功罪。」。為整舊布新之計，並以積穀多寡，定有司賞罰。「十二年題准將各州縣自理贖鍰，春夏積銀，秋冬積穀，悉入常平倉備賑」。（湖南通志卷五十五）。「十三年議准各省積穀賑濟，務令修葺倉厫，印烙倉斛，選擇倉書，糶糴平價，不許別項開支。」（湖南通志）。十七年定常平倉糴糶之法，「議准春夏糶出，秋冬糴還，平價生息，務期便民，如遇凶荒，卽案數給散災戶貧民，並飭有司，實力奉行，俾沾實惠。」（籌濟篇）；至是常平倉基礎稍具矣。康熙十八年題准地方官整理常平倉，每歲秋收，勸諭官紳士民，捐輸米穀，照例議敘。諭曰：

「積穀原備境內凶荒，若撥解外郡，則未獲賑濟之利，反受轉運之累。……嗣後常平積穀留本州縣備賑，義倉社倉積穀留本村鎮備賑。」（清朝文獻通考卷三十四）。

二十一年巡察各省辦理常平倉積穀，是否實心奉行。蓋恐各省官吏，粉飾視聽，有名鮮實，一遇水旱議賑，仍未能接濟也。遂諭曰：

「各省常平等倉，積貯米穀甚屬重要，有此積貯，倘遇年穀不豐，彼地人民卽大有裨益，雖先經奉旨通行，恐有名鮮實，一遇水旱議賑之時，未能接濟，致民生艱困，今將某省實心奉行，某省奉行不力，其逐一察議具奏。」（同前）。

二十九年重申實力辦理常平義社各倉米穀之詔曰：

「食爲民天，必蓋藏素裕，而後水旱無虞。曾經特頒諭旨，着各地方大吏，督率有司，曉諭小民，務令多積米糧，其各省徧設常平及義倉社倉，勸諭捐輸米穀，亦有旨允行。……今某省實心奉行，某省奉行不力，着再行各該督撫確察具奏。朕於積貯一事，申飭不啻再三，……務宜恪遵屢次諭旨，均實奉行。俾家有餘糧，倉廩充物。……如有仍前玩愒，苟圖塞責；漫無積貯者，將該管官員及督撫一併從重治罪。」（清朝文獻通考卷三十四）。

可見各省倉儲在未完成期間，苟圖塞責，漫無積貯者必不在少，嗣勸諭民間，於豐歲酌留餘糈，以防饑荒。詔曰：

「足民之道，宜裕蓋藏。從來水旱靡常，必豐年恆有積儲，庶歉歲不憂饑饉。如康熙二十七年頗稱豐稔，誠使民間經營撙節，早爲儲羅，何至二十八年偶遇旱祲，室皆懸罄。總因先時無備，遂至餬口維艱。比蠲除正賦，特發帑金，分行賑濟被災之衆，始獲安全。今零雨時降，可望有秋，惟恐愚民不知愛惜物力，狠籍耗費，祇爲目前之計，罔圖來歲之需。應行各督撫飭令及時積貯，度終歲所食，常有餘儲。……」（清朝文獻通考）。

三十一年（湖南通志爲三十年）議定各省常平倉，俱照直隸分貯，各州縣有升遷事故離任者，照正項錢糧交代，有短少者以虧空論。四十二年以山陝水路不通，遇災頓感艱窘令積儲倉穀，並以直隸各州縣雖設有常平倉，饑荒時仍不敷賑濟，諭於各村莊設立社倉以利民生。乾隆九年，因各省米穀昂貴，咸歸咎於常平倉買穀過多所致，遂有停買倉穀，應由各該省斟酌辦理之命。諭曰：

「積貯乃民食所關，從前各省倉儲，務令足額，原爲地方偶有水旱，得資接濟，是以常平之外，復許捐貯，多爲積蓄，無非爲百姓計。後因糴買太多，市價日昂，誠恐有妨民食，因降旨暫停採買，俾民間米穀自在流通，價値平減，亦無爲百姓計也。乃近聞各省大吏，竟以停止採買爲省事，不知常平之設，不特以備荒歉，即豐稔之年，當靑黃不接，亦得藉以平糶，於民食甚有關係，其間因時制宜，原不可執一定之見。今因停止採買之令，遂任倉厫缺少，置而不理。將來必至糶借無資，固非設立常平本旨，又豈停止採買本意乎？各省督撫，務須斟酌地方情形，應買則買，應停則停，總在相機籌劃，不可膠執定見，希圖省事。」（淸朝文獻通考卷三十六）。

即十三年之釐定儲額，亦爲平價之故。自是倉儲只散不補，漸形空虛，所賴以塡補及振濟者，大都出於截留漕米。二十二年據吉慶奏，遂通令各省籌補常平倉穀。略云：

「……地方水旱不齊，國家所藉以撫恤，災黎所待以仰給者，唯倉儲是賴，一有缺額，自應亟爲籌補。然籌補之法，不待更立章程，唯在督撫實心整飭而已。前因各省爭議採買，一時米穀翔湧，是以議立定額。邇年以來，市價不致過昂，此其效也。然額定而缺者不補，則緩急豈奚恃焉。督撫身任封疆，民瘼所關，自當詳加覺察，時時留意，豈可因循玩忽，而不爲先事計也。截漕自出特恩，原不可爲例，非可屢邀也。」（同前）。

然此後災荒振濟，仍多仰給於截漕。據戶部侍郎英廉言，乾隆十八年至二十七年中，各省截留漕米五百四十餘萬石，平糶米四十六萬餘石。京、通兩倉爲之積貯缺乏，而有籌補之舉。安徽巡撫託庸請以該省常平倉穀籌補京通兩倉，淸高宗獨以爲無須亟於通行。其言曰：

「託庸奏江浙等四省（湖廣、江西、江南、浙江）現議貢監收捐穀石，運補京通倉儲，請將安徽省常平倉穀一百六十餘萬石，先待碾米，分附糧艘帶運一摺，雖其酌濟積儲，頗見勇往。然朕熟籌此事，於倉庾民食，實在有無裨益情形，卽九卿覆准英廉條奏（卽以江浙四省捐納貢監，收取本色，以三年五年爲度，捐有成數，另行收貯。如遇截漕之年，卽於次年照所截之數，補還京倉，或分爲二年補還亦可。如無截留之年，卽無庸補運，仍行貯備。）本案，並可無庸亟事奉行也。陳編所載，解三餘一之文，固爲足食本計。第在當時，原屬址曠人稀，又列國各守其封域，持籌者可以隨宜措置耳。以今幅員之廣，生齒之繁，歲卽屬豐，而三農生穀，祇有此數。揆之經常不易之道，唯爲民食留其有餘，國用自無不足。採購於官庾，捐輸於士紳，條款雖殊，其爲地方所產則一。與其輾轉挹注，名異實同，又何如卽以此留之民間，俾饔飱倍爲饒給乎？所有託庸碾運常平穀石之奏可不必行，其江浙四省貢監收捐本色之例，並着停止。」（淸朝文獻通考卷三十七）。

但各省倉儲都已不甚充實，或貯銀而不貯穀，或竟名存實亡。如乾隆五十年浙江之杭，嘉，湖三府秋收歉薄，正需平糶，而常平義倉之穀，可糶者無幾。五十七年乃通令整頓。略云：

「各省常平社倉，係仿照周官荒政而設，原以備水旱偏災借糶放賑之用。乃各省督撫，每年俱彙奏倉庫無虧；而遇有偏祲歉收，並未據奏聞動撥倉穀，以濟饑民。即如本年直隸畿南一帶，因旱歉收，經朕降旨詢問，何不將倉貯穀石就近先行動撥。據該督奏，「各該處儲額穀石，除連年出借耕種及本年平糶外，所存無多不敷散給等語。可見各省倉貯，並不能足數收儲，此皆由於不肖官吏，平日任意侵挪虧缺，甚或借出陳易新之名，勒買勒賣，短價剋扣，其弊不一而足。以古人之良法，轉供貪墨之侵漁，而該督撫等並不實加稽察，唯以盤查無虧了事。以改各省倉儲，俱不免有名無實，備荒之義安在乎。……」（清朝文獻通考卷六十）。

嘉慶六年（仁宗時）亦下整頓倉儲之詔曰：

「各省州縣設立常平倉，存貯穀石，定有額數，原以備本處水旱偏災，平糶振濟之用。若倉儲充實，取之裕如，何至民食難於接濟。總由各州縣平日不能實心經理，或出糶後，並未隨時買補還倉或竟任意侵挪虧缺，以致積貯空虛，猝遇偏災茫無所措。……嗣後各督撫等總常於各州縣倉庫根本要務，悉心講求，實力整頓，務使倉穀錢糧，皆歸實儲，方爲有備無患。」（同前）。

至淸宣宗卽位，其時社義諸倉，亦與常平同其命運；不爲倉正偸竊分肥，卽爲州縣借端挪用，甚至胥役從中侵饋，僅存倉廒，羌無積儲，或併廒址亦廢矣。其實義社各倉，代有設置，但奉行不力，徒有其名而已。後光緒二十五年正月，據御史孫朝華奏請認眞籌辦積穀摺內，批諭有云：

「迭經諭令各省，均實籌辦，現在已陸續復陳，惟被實之區，輒稱豐歲，再行舉辦。地方官藉端支吾，深恐亦無實效。況積穀與平糶相輔而行，出陳易新，爲倉儲要義。況在被災處所，正當及時平糶，使民無乏食之虞；一俟穀價稍平，卽行買足還倉，方爲有備無患。……毋得空言塞責，視爲具文。」

空言塞責，視爲具文等字樣，頻見於詔諭之中，其吏治腐敗，而倉儲廢弛，卽可窺及其端倪矣。

淸代常平倉制之實施辦法如左：

（一）倉廒　自順治十三年通令修葺倉廒後，至雍正三年，將各省倉米改爲稻穀（米一石折穀二石），乃令各地方增建倉廒以備積儲。四年，嚴令地方官遇有倉廒滲漏，及牆垣不堅全者，工費無多，卽爲修補。若年久傾圮，破碎朽壞者，估計工費報部，動支正項修蓋。如地方廒座無多，倉糧寄存僧寺道院或竟露囤者，如何建倉，由督撫酌量具題，嗣後不修補倉廒，又不呈請建造，改米穀黴爛者，照溺職例革職，一年內照動帑買補之數賠完。限內不完，依侵蝕錢糧例，以未完米穀之數，依律治罪。倉廒既經修造，猶有托名黴爛虧空者，查出照侵蝕例治罪。六年又作進一步之取締，議准各州縣倉廒入於交盤項內交代，如有傾圮滲漏接任官揭報，將前任官照例議處賠修。如接任官徇情不報，即將接任官議處，責令賠修，其黴爛虧空倉穀，由接任官限期賠完。若藉端勒索，亦即題參。七年，又飭各州縣建造倉廒。略謂：

「常平積貯，必須倉廒堅固，始可爲經久之計。聞各省中偏僻之邑，竟有向來本無倉廒，或寄頓寺廟，或借存於士紳富戶之家。而霉爛虧折，生事滋擾之弊，多由此起。大非朕愼重民儲之意，凡各省未有倉廒之州縣，着該督撫卽行建造。」（清朝文獻通考卷三十五）。

乾隆四年，議准興建倉廒，在公存銀內動支。照例每月給銀二十兩，亦有動用常平倉糧十分之一，爲蓋造倉廒之費。總之大都以撥給公帑，及動用倉本爲多也。

（二）穀本　最初如順治十二年所定，將自理罰鍰銀撥充或勸紳民樂輸，而事實則不盡然，如三十一二年先後令浙江、山東、每畝捐穀四合。四十三年，令陝西、甘肅二處，照應徵地丁銀一錢者，米一斗者酌量捐輸糧三合，以充穀本，此則明明出於攤派也。又有由官捐輸者，如康熙五十四年將湖北全省官府捐穀三萬五千石，分撥各地方存儲是也。此外則截留漕米者有之；動帑或指撥司庫，鹽茶各稅銀買儲者有之。或由鹽商報效，或出於捐納貢監。捐納之始，爲雍正四年，以江南地廣人稠，需用米穀，倍於他省。動帑置運，以濟民食，恐稽時日，暫照河工議敍貢監之例，將銀改爲本色米穀，每銀一兩，收米一石或穀兩石，鄰省之人，亦準捐納，不論紅白稜秈兼收。分別府縣之大小，酌量應辦米穀之多寡。俟各該處應存米穀捐足之日，即行停止。其所收米穀，愼重存儲，按季造冊報部，如有私自折銀，及勒索包攬情弊，即指令題參，從重治罪。其後浙以蘇省開創捐納，鄰省之人亦可照捐，米穀流入蘇省，本省原即缺米，乃仿照開捐，各省亦繼續辦理。至乾隆十二年，議准收捐監穀，原以實倉庾而備荒饑，各省現在俊秀報捐，除山東、江南、福建、四川停其在內收捐，山東賑恤用繁，兼准在外收捐折色外，其餘悉照在外收捐本色，在內收捐折色之例辦理。今常平積儲，既經定額，則收捐監穀，自容於額外增存，除不敷定額之省，仍以收捐補足外，其額外有餘各省，所收本色，即令別案存儲，遇有振卹，以此權用，或平糶不能買補，即將此項倉穀撥用。乾隆二十八年，爲欲運江西、湖廣、江南、浙江、捐監穀塡補京通兩倉，遂將該四省貢監收捐本色之例停止。三十一年以陝、甘捐監事例，原爲籌備倉儲，而資緩急。但日久本色者少，折色者多，遇有需用穀石之處，仍不敷給，折色，即向民間採買，恐不免勒派滋累，及挪移侵蝕之弊。故發帑三百萬兩，存留甘省，如遇穀値平減時，即於此內陸續酌撥購足；則當歲收豐稔，既無慮穀賤傷農，即偶有歉災，亦復足支賑糶，……而將甘、陝捐監事例，卽行停止。嗣於同年九月，將直隸、安徽、山西、河南等捐例一體停止。至各省倉穀，倘有缺額，俱卽動庫買補，如庫項不許採買者，許令隨時奏請撥給。三十三年以福建、廣東、雲南三省，報捐甚少，亦概行停止。此次雖有遇荒酌開捐例，但無以前各省同時開捐之事矣。

(三)積儲　常平倉初辦時，米麥穀豆高粱咸儲，良以出於人民捐納，自不能限定種類。至雍正三年，以江南各省地方潮溼，米在倉一二年，便至紅朽，不若稻穀可以耐久，乃定各省存倉米麥限易稻穀之制，所有江蘇、安徽、江西、福建、浙江、湖北、四川、廣東、雲南、貴州等省，皆收貯稻穀。現存倉米一石，收換稻穀二石，愼重收貯，需用之時，碾舊儲新。除安徽但有稻穀，及閩浙倉米有限，無庸改易外，其江西、湖北、湖南、四川四省存貯米皆在五十萬石內外，令於一年內改易稻穀。江淮截漕米，廣東存倉米，皆八萬餘石，廣西存倉米十萬石，分作二年改易稻穀。雲南米五十七萬餘石，貴州米四十餘萬石，一二年內不能盡易。應將雲南所給兵糧十四萬九千六百餘石，貴州兵糧九萬五千六百餘石，卽從存倉米內支給，至秋成時，徵收稻穀補倉。雲南存倉米限以四年，貴州存倉米限以三年，收易完成。各省倉米改易稻穀之後，除額徵兵餉，仍收米給兵外，餘徵稻穀。其有虧空倉米，亦令悉以稻穀追補還倉。凡有需用，挨年先碾舊穀支給，倘需用米多，一時礱碾不及，仍以米一穀二折給。山西、河南亦令將存倉米麥，糶賣易穀，民欠及虧空米糧，均改折追補入倉。至秕子蕎麥等，各處出產不同，飭令各處確訪時價，易穀入倉。又以黔省地氣潮溼，倉米容易霉爛，規定與兵米合計，共存三年之儲，餘於青黃不接之時，酌行減價平糶。又令四川改存稻穀，惟茂州素不產米，改儲蕎麥，松潘貯米，五年更換一次。

唯究以地理關係，各省出產不同，食尚亦異，常平倉不能盡皆貯穀。乾隆四十年，乃定雜糧折抵稻穀一石之比例。山東省豆豉，雜糧一石，麥六斗。河南省黑豆，高粱一石，麥七斗。江蘇省大麥一石，黃豆小麥五斗等。其他還有陝西、四川、甘肅其比例各不相同，唯均可以雜糧互抵報部。

（四）存糶　順治十七年，定常平倉春秋出糶，秋冬糴還，仍沿出陳易新之法。至康熙三十年定為除散給不計時令外，餘於每年三四年照市價市糶，五月初旬，將平糶價銀盡令解貯道庫。九月初旬，仍令各州縣糴買新穀還倉。康熙三十四年，始題准江南積穀以七分存倉備賑，三分發糶，秋收買還，此存七糶三之例也。其後又定州縣超過積穀定額之外米糧，均按時價議銀，鮮存藩庫（積穀定額大州縣一萬石，中八千石，小六千石。），其存倉米穀每年以三分之一出陳易新，故實際之倉穀存糶殊不一致。如康熙四十九年題准陝、甘於糧貴之年，存半糶半，糧賤之年，存七糶三。又如雍正十九年，江南各穀，凡遇青黃不接之時，即出陳易新，酌量糶賣，不必拘定存七糶三。乾隆元年，又從地勢之高卑、燥溼，而將存糶之數，略事變更。如湖南一省，依其地勢，列為三等，長沙等四十五府州縣，地勢稍溼，存半糶半，龍揚等四縣地勢尤溼，則糶七存三。廣東沿海卑溼之各府州縣亦存半糶半。南雄等三府，羅定等三十六州縣，存七糶三。又安徽臨近江湖，地勢卑下，如懷寧等四十八州縣，存半糶半，然究以存七糶三為原則，此變例也。

但如照額糶三，饑荒之年，無補於民食，豐稔之年，或不無有害農產之價格，乾隆七年通諭有云：

「各省常平倉穀，每年存七糶三，原為出陳易新，亦使青黃不接之時，民間得以接濟，當尋常無事之際，自然循例辦理。若遭值荒歉，穀價昂貴，小民難於謀食，而仍存七糶三，則閭閻穀幾何，大非國家發穀平糶之意也。嗣後凡遇歲歉米貴之年，……即飭地方官交出倉儲，減價平糶，務期有濟民食，毋得拘泥成例。」(清朝文獻通考卷三十六)。

至二十九年，又通飭各省當尋常歲稔價平之時，亦不必拘定糶三之例。或竟可全數停糶，或需酌糶十分之一二，均看各處情形，臨時斛酌辦理。

倉穀之為出陳易新而糶，其糶價在成熟之年，每石照市價覈減五分，米貴之年，每石照市價核減一錢，如遇荒歉之歲，舉辦平糶，由各省酌量情形，將應減之數，奏聞請旨。州縣出糶倉穀，弊竇百出。言其著者：(一)買者往往為正郭之居民，甚至各衿戶、役戶、牙戶、囤戶、與倉書揑名報買，倉內丁役又乘機竊賣，故在市價高於官價之時，或米貴期間，鄉農及一般貧民，仍不能享平價之利益。（二）其離城較遠之鄉鎮，則倉書故意稽延糶期，强令守候，領米者已多耗費，及至領得之後，苟欲就近糶穀買糧，奸商蠹吏，從中把持，卽半價亦難出售。（三）米價平穩之年，出陳易新，民間不願糴買，則勒派通借，遂至民間聞放官穀，反願貼給錢文於胥役，不願領穀（山西省竟由不願領穀者每石貼銀四五百文，見道光十年常恆昌奏。）如不貼錢，則拘繫入城，任意勒索，小民苦之。（四）買補。常平倉穀旣因出陳易新，及小歉平糶，中歉出借（貸粟），大歉賑濟等故，恆須買補，以彌缺額，而備荒患。照例出陳易新，大都是春夏出糶，秋冬糴還。春所糶者爲麥，則於秋糴還；夏在青黃不接時所糶者爲米穀，則於冬糴還。如應糴補之際，穀價昂貴，若仍照額買補，恐將爲害民食，故准其於次年秋成買補，而將糶價繳納府庫，或准其赴鄰省價平之處，採買歸補。又如水旱之年，本邑鄰境糧價盡皆昂貴難買時，則由該管官查明確實，將存價繳由咨部，俟次年秋收，無論價値貴賤，卽行採買。如至次年仍延緩不買，卽照玩視倉穀法例題參，此爲防用穀價而不買補之弊也。買補之時，務擇好穀，原糶之數，買足還倉，價格則照各地方時價。赴鄰省採買時，先將應買數目，報明督撫，行知受買地方，如係隔省，卽知會彼省督撫轉行知照。俟買足運回之日，取具地方官印結，將米穀數目價格，書明結內，於申報採買收倉時，一併送府，驗報查覈，如有情弊，卽行參處。若原糧穀價，於買補時，實因水旱災傷，糧價仍貴，又以倉穀無多，不容不卽行買補，致不敷採買時，得於通省糶價內通融撥補，倘再不足，即將糧價運費脚錢於藩庫存公銀內酌量撥給，造冊題報，總以足數給發，免致有官吏賠貼或派累鄉民等弊。而實際，州縣買補倉穀向上峰請領價銀時，則有尅扣，但終無人民受官吏剝削之甚。乾隆元年詔曰：

「積儲平糶之法，原以便民。乃聞各省州縣於倉穀出入，竟有派累百姓者，當出糶之時，則派單令其納銀領穀若干？及買補之時，則派單令其納穀領銀若干？納銀則收書（收款吏）重取其贏餘，納穀則倉胥大肆其勒抑。甚至以霉爛之穀爲乾潔，小民畏勢不敢不領，唯有隱忍賠累而已。更有山多田少之地，產穀無多，而該地方不能向他處採買，但按地畝冊籍，核算發價，派令百姓，將田畝歲收之穀交倉，絕不爲民間計及蓋藏。至有十餘畝之田，而亦責其承買穀石者，在附郭居民，出倉厫不遠，尚可就近轉輸，至於遠鄉僻壤，離城或百里或七八十里之遙，亦一概令其領銀納穀，小民肩挑背負，越嶺登山，窮日之力始至出納之所，而奸胥蠹吏，又復任意留難；及平糶之日，而窮遠鄉村，更不能均霑實惠。是徒有轉運之苦，不獲聚積益。良法美意，行之不善，流弊種種。……」（清朝文獻通考卷三十六）。

所謂任意留難者，有如明明乾穀，强謂溼潮，所用斗稱，進出之間，大小互殊，輕重各別，以及種種挑剔，務必飽其慾壑而後已。小民既挑送前來，「貨到地頭死」，何況入於虎狼之吏，祇有任其勒索，於是改向鄰道採買，則境非所轄，民非所牧，宜無派累勒索之弊，但非地方官吏所樂願。故至嘉慶四年，劉權之尙以買補倉穀宜赴鄰省相請，所述派累之弊，與乾隆元年情形無殊也。劉云：

「地方官奉行不實，往往藉端肥橐，輒在本地派買，不論市價貴賤，祗發銀四五錢不等，並勒令出具照時價領粟。兼之差役需索使費，以致領粟花戶，不願上納穀石，唯求繳回原封銀兩，另外加倍繳價，較交穀尤爲省事。甚至有力富戶，賄屬書吏，將本名下之穀，飛灑零星，有田之富戶轉得少領，竟致完善良民，衣食難周，深受採買之累；地方官只圖折價入己。遇當平糶之年，仍無存貯之米。」（清朝續文獻通考卷六十）。

總之，買補倉穀，在當時州縣實爲唯一之斂錢機會，即赴鄰邑採辦，固無派累情事，從中尅扣肥己則一。乾隆五十一年，曾欲防止州縣侵肥，故令州縣先將地方産穀豐嗇，市價高低，報明督撫，再具印結，領取穀價。派委採買，隨買隨收，立限交倉，不許州縣買運。買竣之後，由府驗明確數，具結由道轉司，案送督撫查覈，此對防弊可謂周至矣。但仍不能杜弊。

買補限期，亦有規定，蓋如領款之後，延不買補，流弊更大。道光二十六年，議准直省州縣採買常平倉穀石，領價後勒限六個月內買補，逾限不買，即由藩司咨參，罰俸一年。再限三個月買完，倘限滿仍有未完，革職留任，如查有虧缺，即行嚴參。翌年，又議准州縣買補倉穀，未完而捏報全完者革職；上司徇私不參，降三級調用；失察者罰俸一年；

如有勒派具領，暗收折色，及缺發價值者俱降三級調用；法令固未嘗不嚴也。（五）考成當順治十一年，欲圖恢復常平義社諸倉，責成各道員專管稽查舊積，料理新儲，呈報督撫具奏，每年二次造冊報部，即按積穀多寡，以定該道功過。康熙十九年，又定州縣官於歲底將倉穀數目，呈詳上司報部。儲穀多者管倉人給與頂帶，有官吏掊克者照侵欺錢糧處分，强派抑勒，借端擾民者罪之。二十一年，又定州縣官勸輸倉穀奬敘之例。一年內，勸輸米二千石以上者記錄一次，四千石以上者記錄二次，六千石以上者記錄三次，八千石以上者記錄四次，萬石以上者加一級。至處分之例，恐有畏罪科派，苦累小民之弊，不預定。三十一年議定，各省常平倉俱照直隸辦法，分貯各州縣，州縣官有升遷離任者照正項錢糧交代，有缺少者以虧空論。四十三年，又議定州縣處分霉爛倉穀辦法，倉穀霉爛者督撫題參留任，限一年賠補，賠完免罪復職，逾年不完解職。二年不完定罪，着落家產追補，補完之日，命府道出具印結，申繳藩司督撫存案。以杜虛報之弊。四十七年，乃定州縣官經理倉穀議處之例，州縣官於定額積穀之外，買穀貯倉，盤查贏餘，准其議敘，或捐穀本倉，以少報多，或將現貯之米，揑報以邀議敘，後遇本官任內有虧空事發，除知府分賠外，原報之督撫一併議處，至職官將倉穀私借於民，以監守自盜論罪，所少穀石，着落追補。然而州縣官虧挪侵冒之弊仍不絕。雍正九年，據刑部尙書厲廷儀言，以各省存倉米石，雖有道府盤查，不能保其一無徇私，當責之嚴加核實造冊具報。督撫離任，將冊籍交代新任，限三個月查核奏聞，如有虧空，即行題參，徇私者議處，仍令分賠。詔從其請，當即通飭各督撫查核存倉米石，並嗣後派遣大吏分赴各縣查倉，嚴加考覈。曾以往昔虧空倉穀處罰過寬，乃議定穀一石，比照錢糧一兩科斷。立例如左：

（一）侵蝕一千石以下，擬斬，准徒刑五年。一千石以上，擬斬監候，不准赦免，所侵蝕穀石，仍嚴加完補。

（二）挪移數在千百石者，擬徒，五千石以上者流，一萬石以上者充軍，二萬石以上者，擬斬，限一年內全數補完免罪，二年內追完減二等，三年內追完減一等，限滿不完，依例治罪。

（三）實係霉爛在三千石以下，革職留任，限三年賠補，三千石以上即以挪移論，旋改為州縣怠忽，再不修造倉廒，以致米穀霉穀者，革職，勒限賠完。限內不完，即照侵蝕例，按數科律，遇赦不宥。雍正五年，乃立常平倉盤查事例，凡倉穀春間出借，秋後繳還，務於十月內全完，造冊送部，歲底令知直隸州盤查，逾限不全或揑造，俱行參處，仍照數追賠；如有影射作弊，冒借入己者，紳衿黜革，牙蠹拏究，所欠倉穀，加倍追還。鄉保有無受贓，分別治罪。再倉穀出借之時，奸商勢豪，揑名零星糶出，囤積漁利者，地方官嚴禁之，州縣官以糶借為名，掩飾虧空者分別治罪。其盤查之道、府、州、並該管之督撫，隱匿徇庇，照例處分，仍將所虧空倉穀，着落分賠。定例雖嚴，而其實效如何，乾隆五十七年諭中所謂：

「倘督撫不能潔己率屬，致屬員持其短長，遂爾心存廻護，概置不辦，即多設科條，亦屬有名無實，所謂有治人無治法也。」（清朝文獻通考）。

而有：

「以古人之良法，供倉墨之侵漁。」之歎。

蓋盤查之時，大抵根據册報，復憑倉書一結了事。在事實上如欲按倉盤查，亦屬難行，米石數多，重複斛量一過，斷非短時所許。而其患猶在委派之人，官官相護，一紙申訴，督撫亦據以轉請了事。清高宗所謂：「並不實力稽查，惟以盤查無虧了事」。原其州縣所以敢於侵挪倉穀，正唯上以誅求於下，下唯侵挪以應，故雖三令五申，自督撫司道府州，以至各縣，祇有串通一氣，欺上凌下，即有清廉賢明之上司，亦唯恐蒙失察之咎，而終於扶同徇隱，及至無可掩飾，於其卸任之後，一參了事。何況即爲督撫道府者亦嘗身歷其境。故於州縣新舊監盤交代，僅憑倉書一結，即行移交，在後任以爲前任虧空，於我無涉，亦遂敷衍過去，此倉穀之所以永難清結也。再則州縣願存穀價而不欲存穀者，固爲存價可以侵挪，利息又可肥橐，然亦爲初時存米，固易霉蝕，及後改爲儲穀，若不預碾乾潔，亦易蟲蛀，官吏懼怕賠累，而畏儲穀。及經太平天國戰亂，各省諉爲倉厫荒廢，盛行積錢，積穀已式微矣。至光緒戊戌政變，號爲新字之士，則又主張積穀不如積錢，積錢不如興學，乃並穀價而亦不存，饑荒之來，遂失所備，二千餘年之常平制度，同歸於盡矣。

（二）義　倉

義倉爲民間自組之慈善機關，分富賑貧，其利合義，故曰義倉。其穀物依於富豪巨室之慨捐，或由民間自由之輸納，設遇水旱饑荒，卽以此穀周濟災民。義倉之建制稍遜於常平倉，歷兩漢，三國，晉，南北朝各代，雖代有水旱饑凶，開倉賑民之舉，但義倉之名，實肇於隋代。蓋隋統一華夏後，至開皇三年，以京師倉廪猶虛，議爲水旱之備，詔於蒲、陝、虢、熊、伊、洛、鄭、邵、衞、汴、許、汝等水次十三州，置募運米丁，又於衞州置黎陽倉，洛州置河陽倉，陝州置常平倉，華州置廣通倉，轉相灌注，漕關東及汾晉之粟，以給京師，續開廣通渠以利關東運輸，並令諸州水旱饑凶之處，得開倉賑給。嗣於開皇五年五月工部尙書長孫平遂奏請設立義倉。奏曰：

「古者三年耕而餘一年之積，九年作而有三年之儲，雖水旱爲災，而人無菜色，皆由勸導有方，蓄積先備故也。去年元陽，關中不熟，陛下哀愍黎元，甚於赤子，運山東之糧，置常平之官，開發倉廪，普加賑賜，少食之人，莫不豐足，鴻恩大德，前古無比。其强宗富室，家道有餘者，皆競出私財，遞相賙贍。此乃風行草偃，從化而然。但經國之理，須存定式，請令諸州百姓及軍人勸課當杜，共立義倉；收穫之日，隨其所得，勸課出粟及麥，於當社造倉窖儲之，卽委社司執帳檢校；每年收積，勿使損敗，若時或不熟，當社有饑饉者，卽以此穀賑給。」（隋書食貨志）。

蓋長孫平欲各以其社立義倉，而補官倉之不足，勸課粟麥，不用令制，社司執掌，不由官辦。而無如關中其後連年大旱，黃河中下游諸州，又遭大水，百姓饑饉，乃命分道開倉賑給，並發廣通倉之粟三百餘萬石以拯關中。又將故城之中舊粟，賤糶於人，買牛驢六千餘頭，分給尤貧者，令往關東就食，十四年關中又大旱人饑，而當時義倉初辦，經理不善，致多耗損賑濟遂受影響，當於開皇十五年二月詔中可以見之，詔曰：

「本置義倉，止防水旱，百姓之徒，不思久計，輕爾費損，於後乏絕。又北境諸處，異於餘處，雲、夏、長、靈、鹽、蘭、豐、鄯、涼、甘、瓜州，所有義倉，雜糧並納，本州若人有旱儉少糧，先給雜種及遠年粟。」（文獻通考卷二十一）。

十六年正月又詔曰：

「秦、疊、成、康、武、文、芳、宕、旭、洮、岷、渭、紀、河、廓、豳、隴、涇、寧、原、敷、丹、延、綏、銀、扶等州，並於當縣各置義倉一所。」（同前）。

當縣設置便於官吏之管理，並規定義租分上中下三等稅，上戶不過一石，中戶不過七斗，下戶不過四斗。（見前）。蓋至是義倉制度已發生變化，（一）不由勸課而改爲上中下三等稅納糧，以充倉儲，是由民間自由輸納一變而爲一種賦稅矣。（二）不在當社置倉，而移設於州縣，遂開後世官吏勒派及挪移支用之弊。(三一)此卽後世官辦義倉之濫觴。至長孫平所主張之義倉，卽朱熹所辦之社倉。社義諸倉原本一氣，因倉本及組織管理之變更遂亦兩岐矣。其後山東頻年霖雨、杞、宋、陳、亳、曹、戴、譙、潁諸州，淪爲滄海，皆困水災，所在沈溺，乃遣使巡行川原，相視高下，以疏導之；困乏者開倉賑給，前後用穀五百餘萬石，自是頻有年矣。故苟無煬帝極奢於內，窮武於外，所積寧止於此耶，然煬帝置洛口回洛倉，尙穿三千三百窖，容八千，積米多至二千六百餘萬石。唐太宗謂爲足供五十年之用，徒以荒淫無狀，適足爲重斂多藏之罪。唐貞觀時，馬周疏曰：

「隋室置洛口倉，而李密因之，東都置布帛而王世充據之。西京府庫，亦爲國家之用，至今未盡；但積貯固有司之常事，要當人有餘力而後收之；人若勞困而强斂之，更以資寇，積之無益也。」誠哉斯言。

唐

唐高祖代隋而帝天下，曾置常平監官，嗣至太宗貞觀二年納尙書左丞戴冑言，設義倉。冑上言：

「水旱凶災，前聖之所不免：國無九年之儲，禮經之所明誡。今喪亂之後，戶口凋殘，每歲租納，未實倉廩，隨時出給，纔供當年，若有凶災，將何賑邺；故隋開皇立制，天下之人節級輸粟，多爲社會，終於文皇得無饑饉？及大業中年，國用不足，並貸社會之物，以充官費，故至末塗，無以支給，準其所在，以理勸課，盡令出粟，稻麥之鄉，亦同此稅，各納所社爲立義倉。若年穀不登，百姓饑饉，當所州縣，隨便取給。」（唐書食貨志）。

太宗見奏，以爲既作百姓預儲，官爲舉掌，以備凶年。非橫徵暴斂，而爲利人之事。深爲嘉許，遂下有司議立條制。戶部尚書韓仲良奏：王公以下墾田，畝納二升，其粟麥粳稻之屬，各依地上，貯之州縣，以備凶年，乃詔：

「畝納二升，粟麥粳稻，隨土地所宜，寬鄉斂以所種，狹鄉據青苗簿而督之。田耗十四者免其半，耗十七者皆免之；商賈無田者以其戶爲九等，自五石至於五斗爲差，下下戶及夷獠不取焉，歲不登，則以賑民，或貸爲種子，則至秋而償。」（唐書食貨志）。

自是天下州縣，始置義倉。每有饑饉，開倉賑給，不足則徙民就食諸州。高宗永徽二年，以義倉據地取稅，殊爲勞煩，宜令戶出粟，上上戶五石，餘各有差。在高宗武后之數十年間，義倉不許雜用，其後公私窘迫，漸貸義倉支用。中宗神龍之後，天下義倉，費用殆盡，蓋其時每三年一度，令百姓將廳繳之義倉米，赴京繳納，並須出脚錢，玄宗開元四年始罷之。至開元二十五年復定式，自「王公以下，每年戶別，據所種田畝，納稅粟二升以爲義倉。其商賈戶若無田及不足者，上上戶稅五石，上中以下遞減各有差，諸州出給雜種准粟者稻穀一年五升，當粟一斗，其折納糙米者，稻三石折納糙米一石四斗。」（文獻通考）。天寶三年之後，海內富實，斗米之價，晉齊間祇售三錢（制錢），絹一匹錢二百，驢行千里，不持尺兵，道路列酒肆兵酒食，以待行人。想見其民生富庶盜賊絕迹矣。其時歲入租錢二百餘萬緡，粟千九百八十餘萬斛，庸調絹七百四十萬疋，綿一百八十餘萬屯，布一千零三十五萬端。天寶八年義倉所儲之糧，乃有六千三百一十七萬八千六百六十石。

關內道	五、九四六、二一二	河北道	一七、五四四、六〇〇
河東道	七、三〇九、六一〇	河西道	三八八、四〇三
隴右道	二〇〇、〇三四	劍南道	一、七九七、二二八
河南道	一五、四二九、七六三	淮南道	四、八四〇、八七二
江南道	六、七三九、二七〇	山南道	二、八七一、六六八

（錄自文獻通考）

其後義倉米粟，常與常平倉穀同時貸賑，穆宗長慶四年以義倉爲人盜用。制曰：「義倉之制，其來日久，近歲所在盜用沒入，致使小有水旱，生人坐委溝壑，永言其弊。職此之由，宜令諸州錄事參軍，專主勾當，苟爲長吏迫制，即許驛表上聞。考滿之日。戶部差官交割，如無欠負，與減一選；如有少者，量加一選；欠數過多，戶部奏聞，節級科處。」

至天寶之後，戰亂頻作，常平義倉若存若亡。故當德宗時陸贄奏曰：

「……語曰：百姓足君孰與不足，百姓不足，君孰與足。此言君養人以成國，人戴君以成生。上下相成，事如一體。然則古稱九年六年之蓄者，蓋率土臣庶通爲之計耳。固非獨豐公庾，不及編氓，記所謂雖有凶旱水溢，人無菜色，良以此也。後代失典籍備慮之旨，忘先王子愛之心，所貯糧儲，惟計廩庾，狗彘厭人之食而不知檢，溝壑委人之骨而不能恤。亂興於下，禍延於上，雖有公粟，豈得而食諸。故立國而不先養人，國固不立矣；養人而不先足食，人固不養矣；足食而不先備災，食固不足矣。」（陸贄陸宣公集）。

又曰：

「今賦役已繁，人力已竭，窮歲汲汲，永無贏餘。課之聚糧，終不能致，將樹儲蓄根本，必藉官司助成，陛下誠能爲人備災，過聽愚計，不害經費，可垂永圖。」（同前）。

並擬具實施之方法，奏請實行。

「亦以義倉爲名，除賑給百姓已外，一切不得貸便支用。」

名稱既定，仍恐官家侵移，故言明一切不得貸便支用。更進而言效果曰：

「如此，則蓄財息債者不能耗吾人，聚穀幸災者無以侔大利，富不致侈，貧不致饑，農不致傷，糴不至貴，一舉事而衆美具，可不務乎！」（同前）。

陸贄奏議之效果如何，史書云：「贄言雖切，以讒見逐，事無施行者。」

後至憲宗元和元年制：

「歲時有豐歉，穀價有重輕，將備水旱之虞，在權聚斂之術。應天下州府，每年所稅地子（每畝粱二升）數內宜十分取二分，均充常平倉及義倉；仍各遂穩便收貯，以時出糶，務在救人，賑貸所宜，速奏。」

其後常平倉粟，以賑京都及各州郡旱災饑饉。

至文宗太和九年「以天下回殘錢（餘款）置常平義倉本錢，歲增市之，非遇水旱不增者判官罰俸，州縣假借以枉法論。」（文獻通考）。

明年（卽開成元年）又從戶部奏：「以諸州府所置常平義倉，今後通公私田畝，別納粟一升，逐年添貯義倉。斂之至輕，事必通濟，歲月稍久，自致盈充。縱逢水旱之災，永絕流亡之慮。（文獻通考卷二十一）

至宣宗大中六年，亦嘗以常平義倉，逢有水旱時賑貸，距京較遠之州府，申奏往復，再行開倉賑貸，百姓必至流亡。遂由戶部奏請，嗣後諸道遭逢災旱，委所在長吏審勘，如實有水旱，須先從貧下不濟戶給貸。詔從之。

唐代民食之狀況，已略如上述。關中號稱沃野，然其地狹，所出不足以給京師，備水旱，故常轉漕東南之粟，因此而注重漕運。無如河有三門底柱之阻，陸有潼關崤函之險，山東江淮一斛之粟，轉漕關東，其失常有十之七八，卽當時所謂「用斗錢，運斗粟」；故漢耿壽昌創設常平倉，以及隋唐亟亟於倉儲之備，無非爲足京師之食，圖省漕運之勞，並預爲邊實之備也。然每逢饑年，仍有恐慌。以致隋文帝率饑民赴京都就食，唐高宗曾有「逐糧天子」之稱。

自唐末至五代迭經離亂，民生枯竭，後唐明宗嘗以今年豐否？百姓濟否？問於馮道。而馮道則誦唐人聶夷中田家詩以答之。詩曰：

二月賣新絲，　五月糶新穀；
醫得眼前瘡，　剜卻心頭肉。
我願君王心，　化作光明燭；
不照綺羅筵，　偏照流亡屋。

宋

宋太祖承五季大亂之後，海內多事，義倉寖廢。建隆四年（乾德元年），始詔諸州於各縣置義倉，詔曰：

「多事之後，義倉寖廢；歲或小歉，失於預備。宜令諸州於所屬縣，各置義倉；自今官所收二稅（夏秋二稅），石別稅一斗，貯之，以備凶歉，給與貧民。」（續通志卷百一十五）。

乾德三年，又制定義倉粟給散辦法，凡民欲借義倉粟充種食者，縣具籍申州，州長官即計口貸訖，然後奏聞，勿俟報可。惟於義倉粟不足，須頒官廩時，必奏明待報，方可開發；旋以其不便，遂於乾德四年罷之。詔曰：

「諸州義倉，用振乏絕。頗聞重疊輸送，未免勞煩，宜罷之。」（續通志）。

仁宗明道二年詔：議復義倉，未果。景祐中集賢校理王祺請復置。其大旨爲：

「今五等以上戶，隨夏秋二稅，二斗別輸一升，水旱減稅則免輸，州縣擇便地置倉貯之，領於轉運使。計以一中郡正稅歲入十萬石，則義倉可得五千石，推而廣之，則利博矣。明道中饑歉，國家欲盡貸饑民，則軍食不足，故民有流轉之患。是時兼併之家出粟數千石則補吏，是豈以官爵爲輕歟？特愛民濟物不獲已而爲之耳。且兼併之家，占田常廣，而義倉所入常多；中下之家，占田常狹，則義倉所入常少。及水旱賑饑，則兼併之家，未必待此而濟，中下之民，實先受其賜矣。」（宋史食貨志卷百七十六）。及

「事下有司會議，爲議者異同而止。慶歷初王祺復上其議，仁宗納之，命天下立義倉。詔：上三等戶輸粟，已而復罷。」（同前）。

蓋至是宋代義倉已兩建而再罷矣。其所以不復建而復罷之理由何在，史書雖不明言，但可以仁宗皇祐五年右司諫賈黯乞立民社義倉案中窺見之。賈黯之言曰：

「今天下無事，年穀豐熟，民人安樂，父子相保。一遇水旱，則流離死亡，捐棄道路。發倉廩賑之，則糧不給；課粟富人，則力不贍；轉輸千里，則不及事；移民就粟，則遠近交困。朝廷之臣，郡縣之吏，倉卒不知所出，則民饑而死者過半矣。願仿隋制，立民

社義倉，詔天下州郡遇年穀豐登，立法勸課蓄積，以備凶災……。」（宋史食貨志）。

仁宗納其言當。

「下其說於諸路，以度可否；以爲可行者纔四路，餘或謂賦稅之外，兩重供輸，或謂恐盜賊之劫奪，或謂已有常平足以賑給，或謂置倉煩擾。」（同前）。

韜復奏以斥其非。略謂：

「……今諸路所陳，類皆妄議，若謂賦稅之外，兩重供輸，則義倉之意，乃敎民儲積，以備水旱，官爲立法，非以自利；行之既久，民必樂輸。若謂恐招盜賊，盜賊利在輕貨，不在粟麥，今鄉村富室有貯粟數萬石者，不聞有劫掠之虞。且盜賊之起，本由貧困，臣建此議，欲使民有貯積，雖遇水旱不憂乏食，則人人自愛，而重犯法，此正消除盜賊之源也。若謂有常平足以賑給，則常平之設，蓋以準平穀價，使無甚貴甚賤之傷，或遇凶饑發以賑救，既以失其本意，而費又出公帑。今國用頗乏，所蓄不厚；近歲非無常平，小有水旱，輒流離餓莩，起爲盜賊，則是常平果不足仰以賑給也。若謂置倉廩，斂材木，恐有煩擾，則今州縣修治郵傳驛舍，皆斂於民，豈於義倉，獨畏煩擾。人情可與樂成，不可與謀始，顧自朝廷斷而行之。」（宋史食貨志）。

然當時牽於衆議，終不果行。大抵當時羣臣習於暇逸，憚於建設；吏治因循，詔令不行。張方平上仁宗倉廩論中有言：

「……勑書有諭州縣使立義倉之言，徒有空文，而無畫一之制。於茲三年，天下無立者（慶曆年內）。凡今之俗，苟且因循，嚴令堅約，猶復違慢。爲民興利，豈易其人。有位者無心，有心者無位。在上可行者，務暇逸而從苟且，在下樂行者，或牽束而不得專，以故民間利不克時興，弊不得時去。……」（康濟錄）。

觀此而知義倉之未能施行，羣下阻之耳。張方平亦欲建置義倉，故於論中有云：

「今天下州縣，各於逐鄉築爲困廪，於中戶以上，爲之等級，課入穀麥。其輸入之數，視歲薄厚，爲之三品，縣掌其籍，鄉吏守之，遇歲之饑，發以賑給。……專自縣司檢校之，無使州郡計司侵取雜用焉。……」（同前）。

張方平旣知恢復義倉爲時臣所不樂，猶以爲言，諒以蓄積爲國之大事也。

神宗熙寧十年，詔於「開封府界，先自豐稔畿縣，立義倉法。」，明年（元豐元年）蔡承禧言：

「義倉之法以二石而輸一斗，至爲輕矣。迄今年夏税之始，悉令舉行。」。詔可，仍以義倉隸提舉使。京東西，淮南，河東，陝西路義倉，以今年秋科爲始，民輸粟不及斗者免輸；頒其法於川陝兩路，詔威茂黎三州，罷行義倉法，以夷夏雜處，歲賦不多故也。八年，並罷諸路義倉。

哲宗元祐間，上官均奏乞興復義倉，亦不果。紹聖元年，詔：

「除廣南東西路外，並復置義倉。自來歲始，放稅二分以上免輸。所貯專充賑濟，輒移用者論如法。」（宋史食貨志）。

但至徽宗宣和五年，以

「先是諸路災荒，截撥上供年額，米斛數多，致闕中都歲計。乃令京東，江南，兩浙，荆湖路義倉穀，各留三分，餘並起發赴京，補還截撥之數，六年詔罷之。」

高宗紹興二十八年以趙令詪請糴州縣義倉米之陳腐者，帝從之。時沈該以義倉只許賑濟，若出糶，恐失預備。高宗謂：

「量糶十之三，椿其價，次年復糴，亦何所損。」，但義倉之弊，南渡後逐漸暴露。約而言之，則有：

（一）利不普被之弊　義倉置於州郡，歲饑散給，山澤僻遠之地，不霑其利，力能赴州就食者，所得不償其勞。（見劉行簡奏狀—孝宗時人。）若勸諭鄉間上戶廣行出糶轉行常平義倉之米以賑之，殆成虛文，轉移米斛，復多欺弊。況鄉間之人，終日役役，不能致一錢，幸而得錢則鄉中富戶無幾，近者數里，遠者一二十里，奔走告糴，則已居後。於是老稚愁歎，避荒就熟，輕去鄉井；强有力者寇攘剽竊，無所不至。（見趙汝愚疏）。

至於應行改善之處，劉趙均主當社立倉。

劉行簡之辦法爲：

「義倉之粟，當於本縣村鄉，多置倉窖。自始入粟以及散給，悉在其間。大縣七八處，小縣三四，遠近分布，俾適厥中。若未有倉窖，則寄寺觀或大姓之家，縣令總其成，以時檢校。遇饑饉時，丞簿尉等分行鄉村，計口給，依次支散，旬一周之，僻遠之民，均受其賜。」

趙汝愚之辦法爲：

「將逐州每年合納義倉米斛，除五分依見行條法，隨正稅就州縣送納外，將五分於逐鄉置廒。每歲輪差上戶兩名，充任社司，掌管收納；委本縣丞檢查其欺弊。」

蓋其時朱熹方在推行社倉，劉、趙鑑於當時義倉爲官吏經管之弊，而亦主張當社立倉也。

(二)官司之侵用　義倉之穀，既貯於州郡，人民不之問，官司擅行侵用，自屬難免，此亦不僅南宋一代爲然。孝宗乾道八年戶部侍郎楊倓奏云：

「義倉在法，夏秋正稅，斗輸五合，不及斗者免輸。凡豐熟縣，九升以上卽輸一升；唯充賑給，不許他用。今諸路州縣歲收苗米六百餘萬石，其合收義倉米數不少，間有災傷，支給不多，訪聞諸州軍皆擅用，請稽之。」（宋史食貨志）。而弊風終難杜絕。寧宗慶元四年臣僚切言官司擅用侵占常平義倉之弊，較孝宗時爲尤甚。其言曰：

「州縣受納苗米，於法，義倉合於當日支撥，而因循於用，不復撥還。（帶征義倉之米不撥，勢必義倉無米。）人戶納苗稍及分數，例多折納價錢，其帶義倉錢，並不許撥，此因納苗而失陷義倉也。(1) 至如紹興府人戶，就行在省倉送納湖田米，其納義倉，多不催理，此因湖田納米而失陷也。(2) 如淮浙鹽亭戶，納鹽以折二稅，其合納義倉，亦多不曾拘催，此因納鹽而失陷也。(3) 常平失於兌換，因致陳損，此失倉庾陳腐之弊也。(4) 常平專法，主管官替移，無拖欠失陷，方與批書離任，今公然兌借，陽爲自劾，更不補還，此州縣兌移之弊也。(5) 常平和糴，合專置倉廒，今州縣多因受納，以收到出剩，撥歸常平倉，贏落價錢，此收糴官吏之弊也。(6) 諸沒官產業並戶絕僧道田，賣到錢數，及亡僧衣鉢錢，法當拘入常平；州縣侵漁，鮮曾撥正，此出賣官產之弊也。(7) 若乃吏胥之祿，合於免役錢內支給，而所僱役錢，在州則主管官應副人情，在縣佐以爲公用，已催之數，既不以供支遣，又於方場錢內撥支，未嘗入以爲出。如公吏差出，其本身初不請常平錢，乃詭名請借或元非差出，而妄作緣故。至於吏胥自有定額，今守卒視常平錢米爲他司錢物，吏額日增，請給日廣，常平司委而不聞。若夫請借，在法二分尅納，今或一例借欠，動至數百千，例不除尅，此其弊不一也。(8) 倘不爲之提防懲革，則儲蓄日寡，荒政無備，迄明詔諸路提舉常平官，講求措置，亟去前弊，責令逐州每季以本州及屬縣收支，常平義倉等錢米，逐項細數，申常平司，不得泛言都數。然後參照條法，逐一審訂，稍有失收失支，勸令塡納，或有情弊，必寘於法。」（文獻通考卷二十一）。

理宗嘉熙四年，又詔諸路覈所部州縣，常平義倉之儲，以備賑濟。仍飭制總司，今後毋輒移用，違者坐之。不意又復發生流弊，蓋官吏懼怕賠補轉而取償於民也。

理宗景定元年九月之詔中有云：

「諸路已糴義米價錢，州郡以抵價，抑令上戶補糴。正稅逃閣，義米用虧，常平司責縣道賠納，縣道遂敷納吏貼保正長攬戶等人均納；自今視時收糴，見繫吏貼等人賠納之錢，並與除放。」（續文獻通考卷二十七）。

(三)寧宗時對於義倉之整頓，已如前述，而於嘉定十一年五月又將義倉穀之存儲辦法，明定爲上戶所納，輸之於州；下戶所納，輸之於縣。考其盈虧，以爲殿最。至是而義倉輸官之法始定。理宗之赦免里貼收繫責賠，亦與此不無關聯。當時臣僚言曰：

「傾歲議臣有請計義倉所入之數，除負郭縣就州輸納外，餘令逐縣置數（疑倉字），自行收受。非唯革州縣侵移之弊，抑亦省凶年轉般之勞。曩時州倉隨苗帶納，同輸一鈔。今正苗輸之州，義倉輸之縣，則輸爲兩輸，鈔爲兩鈔矣。曩時雀鼠之耗蠹，吏卒之需求，一切依辦於正稅，而義倉不預焉。今付之於縣，既無正稅，獨有此色，耗蠹需求又不能免矣。於是議臣有請令人戶義倉，仍舊隨正稅從便就州作一鈔輸納，而州縣復有侵移之弊。臣聞紹興初，台臣嘗請通計一縣之數，截留下戶苗米於本縣輸納。開禧（亦寧宗年號，在嘉定前。）初，議臣之請亦如之。蓋截留下戶之稅米，以補一縣之義倉，其餘上戶，則隨正稅而輸之州，州得以補償其截留下戶之數，州不以爲怨；縣得此米別項儲之，以備賑濟，使窮民不致於艱食，則縣不以爲撓。一舉而三利得，此上策也。唯自負郭之義倉，則就州輸送，自如舊制。至於屬縣之義倉，則令丞同主之，每歲之終，令丞合諸鄉所入之數，上之守式，守式合諸縣所入之數，上之提舉常平，提舉常平合一道所入之數，上之朝廷。令丞替移，必批印紙，考其盈虧，以議殿最。」（文獻通考卷二十一）。

議上，從之。

宋人林駉論常平義倉略曰：

「夫古人之始置義倉也，自民而出，自民而入，豐凶有濟，緩急有備，名之以義，則寓至公之用；置之於社，則有自便之利。夫社倉轉而縣倉，民始不與，而爲官吏之移用；縣倉轉而郡倉，民益相遠，而爲軍國之資。官知其斂，未知其散，民見其入，未見其出，此義倉之實政廢矣。天下豈有難革之弊，今日常平義倉之儲，雖有美名，本無實惠。……義倉出於民，出於民者，民實出之，官實斂之，其弊不但民無給，而官且病之。文移星火，指爲常賦，籠頭斛面，重斂取盈。噫可嘆也。」（常平義倉論）。

（四）理宗時，於義米之外，官吏巧立名目，征斂無藝，又有所謂「外義之征」。景定五年監察御史程元岳奏中所稱：

「所謂外義焉者，絹紬豆也。豈有絹紬豆而可加之義乎？……州縣一意椎剝，一切理苗，而加一分之義，甚者赦恩已蠲二稅，義米依舊追索。貧民下戶所欠不過升合，星火追呼，費用不知幾百倍。破家蕩產，鬻妻賣子，怨嗟之聲，有不忍聞。望嚴督監司，止許以秔帶義，其餘盡罷。其有因循病民者，重其罰。從之。」（宋史食貨志）。

度宗咸淳二年將諸路所存景定三年以前常平義倉米二百餘萬石，減時直糶之（宋史食貨志）。此時距南宋之亡祇十年矣。

元

元代義倉始於元世祖至元七年，其辦法爲每社立一倉名曰義倉，而有社倉之實，由社長主之。豐年驗各家口數，每親丁納粟五斗，驅丁二斗，無粟者聽納雜色，官吏不得拘檢借貸，歉歲就給社戶食之。未及十年倉庾充實，然而民但見其害，未見其利。張大光嘗論其弊有四點，其言曰：

（一）曰掌倉之弊　掌倉者非革閑之吏貼祗候，卽鄉里之無籍潑皮，請託行求公納賄賂，投充是役。上以苟避差役，下以侵削小民；旣以重資謀得，寧不貪圖厚利，官司容其奸僞，百姓豈敢誰何。

（二）曰點檢之弊　其有考滿守缺司吏官員，門下親知或結託求差，或倚勢分付，帶領傔從，名爲計點義倉儲糧，盤繞鄉村，呼集社伍，需求酒食，索取齎發，嬲所欲則抄寫虛數，忤其意則苛細百端，遂科斂社民，糶賣義穀，毫無忌憚。前者既去，後者復來，所積之糧，十去其七。

（三）　曰出貸之弊　掌倉者既非仁德忠厚之士，所儲之穀，平時先已侵用，至於出貸之際，預行摻和糠秕朽穀砂土；及至支遣，則用小斗慳量，比至到家簸揚，所貸不得一半；豐年有米，則勒令民承貸；凶荒之歲，則推稱已貸盡絕。唯務肥己，不恤濟人，虛設人戶，具報官司，或立詭名，交割下次，民之受害，其何可言。

（四）　曰回收之弊　百姓貸穀未及半年，掌倉者如已交割後任，其所貸穀數，乃由不逞之徒，三五成羣，遍繞鄉村，催索繳還，叫囂隳突，何所不爲；及至人戶擔穀到倉，一斗必收二斗；幹丁脚穀，照數科倍，滿斗豪量，不奪不饜；稍涉分析，則云以後官司計點，斷折誰賠，若或不從，必當解官懲治；民之困於義倉，有甚於凶歲之年。乃有虛申案驗，僞指倉困，解其數則億萬有餘，考其實則百千不足。官司視爲具文，姦吏因緣爲私，饑荒之歲，民不沾惠。

至元末年，各社義倉已多空乏。仁宗皇慶二年，復令設立，亦皆名存實亡。世祖時，東平趙天麟洞察其弊，奏請改制，其言曰：

「……至元六年，亦每社立一義倉，自是以來，二十餘年矣。然社倉多有空乏之處，頃來水旱相仍，蝗螟蔽天，饑饉薦臻，四方迭苦，轉互就食，老弱不能轉食者衆矣。彼隋立義倉而富，今立義倉而貧，……蓋計丁納粟之故也。優詔普頒明詔，詳諭農民，凡一社立社長社司各一人，社下諸家共穿築倉窖一所爲義倉。凡子粒成熟之時，納則計田產頃畝之多寡而聚之。凡納例，常年每畝粟率一升，稻二升，凡大有年，聽自相勸督而增數納之；凡水旱螟蝗，聽自相免；凡同社豐歉不均，宜免其歉者所當納之數；凡饑饉不得已之時，則計口數之多寡而散之；凡出例每口日計一升，儲多則每口日計二升，勒爲定制。凡社長社司掌管義倉，不得私用；凡官司不得拘檢借貸，及許納雜色，皆有前詔在焉。如是則非唯共相賑救，而義風亦行矣。」（續文獻通考卷二十七）。

仁宗延祐四年二月，敕郡縣各社復置義倉。泰定帝泰定二年九月，以郡縣饑，詔運粟十五石，貯於瀕湖諸倉，以備賑救，仍敕有司治義倉。視此屢建屢廢，其奉行不力，可推知矣。

明代之預備倉

明太祖洪武初，出楮幣二百萬貫，詔行省各選耆民運鈔糴糧，於鄉村輻輳處置倉，各州縣東西南北四所，以備振濟，名曰預備倉。民家有餘粟願易鈔者，許運赴倉交納，依時價償其值，官儲粟而局鑰之，令富民守視；歲歉則散，秋成則還。其後州縣充積，糴猶未已。洪武二十四年，恐耆民緣此病民，乃罷其糴糧，「成祖永樂中，令天下府州縣多設倉儲，移置預備倉於城內。」（續文獻通考）。其後漸廢弛。

宣宗卽位(仁宗洪熙元年六月)諭尚書夏原吉等曰：「預備倉儲，止爲百姓，……若處處儲積完備，雖有水旱災傷，百姓可無饑窘。」(續文獻通考)。遂重整倉制，期施實惠，勿事虛僞。蓋其時倉儲非官吏侵爲己有，卽私貸於人，不復還倉，致倉儲多廢。宣德三年四月卽遣官巡視整理，令郡縣修倉徵收，以備荒歉。四年六月吏部聽選官歐陽齊曰：「洪武中於各州縣置倉積粟，今各倉多廢，一遇荒歉，民無所望，乞令府縣如舊修理倉廒，原有儲糧給散，未還者悉徵還官。其民戶繁而積粟少者，豐年令所司支官錢於有穀之家平糴收貯，庶凶歲無虞，小民有賴。」(續文獻通考)。

河南布政司參議邢旭亦以河南州縣，現皆無預備倉爲言，部議宜令各州縣未設倉者皆設如例，或於今歲稅糧內存留，或秋成支官錢平糴。宣宗謂：「此固善策，須俟年豐時行之」。(同前)。五年五月，徇僉都御史李濬之請，准修復河南山西已有之預備倉，以廣收糴。但至七年五月巡撫湖廣御史朱鑑言：「洪武間各府州縣皆置東西南北四倉以貯官穀，乞令府州縣備倉廒謹貯積，給貸以時，徵收有實」，相請。遇有水旱饑饉，以貸貧民，民受其惠，今各處有司以爲不急之務，倉廒廢弛，穀散不收。宣宗亦謂：「此祖宗良法美意，皆由守令不得人，遂致廢弛，言者比比，而未有與復之者。」(續文獻通考)。飭令按察使，監察御史，其有違者劾奏。

英宗正統二年戶部又以倉廩頹塌不葺，糧米逋負不徵，歲凶缺食，借貸於官爲言•雖詔令煌煌，而各州縣之未恢復如故。惟于謙巡撫河南山西時，能修其政，積糧各數百萬。石六年疏請於「……每歲三月令府州縣報缺食下戶，隨分支給，先菽秫，次黍麥，次稻，俟秋成償官，而免其老疾及貧不能償者；州縣吏秩滿當遷，預備糧有未足，不聽離任；仍令風憲官以時稽察。」（續文獻通考）。詔從之。先是四年十月曾納大學士楊士奇言；遣廉幹京員往督州縣平糴，以舉廢為殿最，有欺蔽怠忽者奏罰之。五年正月分命六部，都察院推選屬官，詣兩畿各省府州縣，立預備倉，發所在地庫銀糴糧貯之，軍民中有能出粟以佐官者，授以散官，旌其門。且定納穀至千五百石者，獎為義民，免本戶雜役。至侵盜預備倉穀者，僉妻充軍。又定借米歸還法（七年令福建布政司），凡賑饑民一石，俟有年納穀稻二石五斗還官。

憲宗成化六年，復開納粟免考之例，以為斂集倉實，預備救荒之計。又定倉穀收支，概由州縣官親管，不許轉委作弊。至孝宗弘治三年三月酌定各地預備倉積糧之數如下：

（單位石）

十里以下	一五、〇〇〇	二十里以下	二〇、〇〇〇
三十里以下	二五、〇〇〇	五十里以下	三〇、〇〇〇
一百里以下	五〇、〇〇〇	二百里以下	七〇、〇〇〇
三百里以下	九〇、〇〇〇	四百里以下	一一五、〇〇〇

五百里以下	一三〇、〇〇〇	六百里以下	一五〇、〇〇〇
七百里以下	一七〇、〇〇〇	八百里以下	一九〇、〇〇〇

（明史食貨志）

並定考核辦法，如其數爲稱職，過其數果有政績，給與本等誥命；過其數而多增一倍，再有卓異政績，具題旌擢，仍給本等誥敕，行移吏部，遇缺不次擢用；不及數者以十分爲率，少三分者罰俸半年，少五分者罰俸一年，少六分以上是爲不職，候九年考滿，送吏部降用。至地方監督官廳之考成，知府則視所屬州縣積糧多寡爲奬懲。如所屬州縣倉糧俱如數者爲稱職，增一倍二倍者一體旌異擢升，不及數三分至六分以上者一體罰俸降用。至六年亦依此辦法查算積糧多寡，以憑黜陟。此外各軍衞所與地方情形不同者，量爲減輕；責成於三年之內，每百戶所各積糧三百石，其外有能積穀百石以上者，軍政掌印指揮千百戶，俱給年酒花紅激勸，不及者一體住俸；以後年分不拘石數，務要年年有積，無積者依令責罰，侵欺者參奏拿問，前項倉糧，係有司者，着落有司府縣正官整理，係軍衞者，着落都司衞所軍司掌印正官整理，並由巡撫等往來監督，時常稽考。仍三年一次盤查（係從給事中羅鑒所奏）。自經此次整理，十里以下積糧一萬五千石，誠非易事。而當時倉穀之來源，不外(1)義民納粟，(2)囚犯贖罪納米，此外則須糴置。糴本從何而集，亦是問題。御史王重賢請將八分紙價贖罪罰銀香錢引契魚鹽茶酒等稅不係解部者，及空閒官地佃收租米，糴穀盡數入倉。三年之內不足原數，別無設法者，免住俸參究。十八年（武宗已卽位。）議准，在外司府州縣問刑，應該贖罪等項，贓罰等物，盡行折納糴買稻穀入倉，以備賑濟，並不許折收銀兩及指稱別項花銷。正德元年又令囚納楮者以十之八，折米入預備倉，軍官犯者納穀准立功。正德二年令雲南撫按等查勘各庫藏所積，除軍前支用銀物外，其餘堪以變賣及官地湖地等項，可以召人佃種收租者，儘數設法糴買米穀上倉，專備賑濟。又准各司府州縣衞所問刑衙門，凡有例該納米者，每石折穀一石五斗，收貯於各預備倉。政令督促至此地步，實爲嚴密異常。然當時各倉，仍無甚積儲。

世宗嘉靖六年，顧鼎臣奏言：「成弘（成化弘治爲憲宗孝宗年號。）時，每年以存留餘米入預備倉，緩急有備。今秋糧僅足兌運，預備無粒米，一遇災傷，輒奏留他糧及勸富民借穀，以應故事，乞亟復預備倉糧以裕民。」（續文獻通考卷廿七）。

乃令有司設法多積米穀，以救災荒，仍仿古人平糶常平之法，春賑貧民，秋成還官，不取其息。如米穀數少將貯軍官錢，並贖罪折抵銀兩，俟秋成時，委賢能官一員糴買，較時價添二三文。又將儲量酌爲減少，府以一萬石，州以四五千石爲率，明立薄籍查考；歲荒減價糶與窮民，仍禁姦豪，不許隱情捏名，多買漁利，事發重治其罪。

嘉靖八年，州縣積糧之數，又一如弘治之時。至穆宗隆慶時，劇郡無過六千石，小邑止千石，久之數益減，罰亦益輕，雖有詔天下有司實修積穀，備荒之政，但無甚效。

神宗萬曆五年乃將州縣積穀等差，大爲減少，照地方難易，酌定上中下三等。上州縣每歲以千石爲準，多至二三千石；下州縣以數百石爲準，少或至百石。務求官民兩便，經久可行。自是年爲始，每年終分別蓄積多寡，以定賞罰。其不及數者查照近例，以十分爲率，少三分者罰俸三個月，少五分者半年，六分者八個月，八分以上者一年，全無者降俸二級，咨部停止行取。俟後遇有成效，撫按酌議題請復俸，若仍前怠忽參究革職。其後又爲寬限，得依地方繁簡貧富，擬定積穀分數。十一年又准疲憊災傷之區，得酌量裁減，以三年爲期，通融計算。其時興復預備倉，何啻三令五申，泄沓者，視爲具文，縱減至數百石，亦不爲備；急功者，妄行科罰，剝民利己，賑貸之後，饑民有借止一石或償至十數石而不足；借止一年而徵至十數年還未休止，下戶細民，有寧賣子女流徙，而不肯窺倉廩之門，狡焉者與吏胥勾結，其貸也，寄之於里胥而詐冒之民多；其償也，責之於里胥而徵求之弊作。及其弊也，里胥必詐與貧民通，而訐爲詭詞；貧民必甘爲里胥市，而覬爲減跡。故萬曆八年曾有賑濟穀數，即由報官開銷，不必復令饑民抵還，而時人主張亦有義倉不如積穀之論也。（明史食貨志）。

清

義倉設於市鎮，首先成立者爲雍正四年之兩淮鹽義倉；以其穀本三十萬兩，係由兩淮鹽商所公捐，故名鹽義倉。倉址建於揚州。其辦法：爲每年於青黃不接之時，照存七糶三之例，出陳易新，或於米價昂貴之時，開倉平糶，秋成糴補。倘地方有振濟之用，由江蘇巡撫具題動支，管理則爲商人，每年將出易糴補動支之數，呈報巡鹽御史。又於五年分設近竈各地，以備貧苦竈戶緩急之需。乾隆七年推行於山東有票鹽之地方，以銷鹽地方之優劣分爲上中下三等，照票輸穀。上等每票輸穀二石，中等每票輸穀一石五斗，下等每票一石，分限二年交倉，卽作爲章邱等三十九州縣義倉穀本，仍令鹽商出資建築倉廒，於各該城鄉鎭市，並倣社倉例，春夏之交，查明實屬貧窮民戶，則借給之，加一收息。每處立社長社副各一名，二千石以上，設斗級一名，四千石以下二名，每加二千石增加一名。社長社副年給穀息二十四石，斗級年給十二石。至出借收領稽查之責，由地方官任之。

乾隆十二年，山西省設立之義倉，以其爲一般民衆所捐資，故與前之由鹽商捐資辦理者，微有不同。凡士民捐穀，照社倉例分別給獎捐助雜糧，按照米穀時價折算。州縣能捐俸提倡者五十石記功一次，一百擔記功二次，一百五十石記功三次，二百石以上註冊呈送察核，先予記功三次，三百石以上於現任內記錄二次。選倉正倉副管理之，分鄉收貯。春借秋還，每石收息一斗，遊惰民人，禁其濫借。如附近村莊，猝遇冰雹，例不成災，但農民有缺乏口糧籽種者，亦可出借穀米。至每秋出陳易新，先儘雜糧出易，俟本息充足，再照存七糶三辦理。息穀每百石得十石，以一石爲倉正倉副紙張飯食之需，一石爲倉穀折耗，一石爲賃房之費，歉收免息之半。所需費用，於上年盈餘息穀內借支，下年歸還。各州縣官交代之時，照例盤查，私借挪移，分別參處。各省亦皆相繼籌設義倉。至嘉慶六年，社倉歸還民辦，義倉亦由民間公舉殷實士紳二人，充當倉正倉副，經理一切收儲出納事宜。其舉換賞罰年限，均於年終報部。其出借動用之數，則於次年內奏報。又議准義倉穀出借之例，非農民不准出借，已借常平倉穀者不准再借。至取息辦法，亦曾變動，直隸收成在八九分者加一收息，六七分者免息，每石止收耗穀三升；收成在五分以下者，緩至次年秋後還倉。凡原借雜糧，按糧價易穀交還，應加息者照穀價加息。河南山西廣西三省，每石收息一斗，歉年免息。湖北，江西，不予收息。道光六年陶澍請設豐備義倉。同治六年，以各省義倉經太平天國一役而廢棄，飭令修復。光緖十年，又整飭流弊，冀收備荒實效也。

　　按義倉之制，始於隋朝，當社立倉，固猶社倉也。唯以納穀出於畝派，管理則爲官吏，遂與常平無別；朱熹乃參以青苗夏放秋斂之法，由社民出穀自理，官吏僅司稽核，而社倉由是始行分立，然有時義倉之性質，仍與社倉並無異處。清代則以設於城鎮者爲義倉，設於鄉村者爲社倉。至如陶澍所辦之豐備義倉，頗近社倉。不過社倉則爲按年春放秋收；而豐備義倉既不出陳易新，亦不春放秋收，僅以如遇荒歉，即行散放。散放之際，先儘村中鰥寡孤獨之人，次及極貧，又次及中貧。蓋以推陳易新，易滋濛混；春放秋收，多難償還。故以專重荒歉時散放，不在推陳出新，以求滋長，亦罔顧春借秋還，期得微息。此陶澍有鑒當時社倉之弊，而矯枉過直之舉也。

(二) 社倉

社倉與義倉同以防荒救窮爲目的，世人以其任務相同，輒多混用。實則義倉爲富者救濟貧民之機關，社倉乃農民未雨綢繆之措置，經由地方團體主持，用備救急借放，固一純粹之信用合作組織，兩者之意義殊不相同也。考社倉原爲隋長孫平所建置之義倉，其後改變辦法，移設州郡，轉爲官辦，並按畝隨賦徵納社本，頓失當社置倉由民經營之原意。及唐高祖代隋而帝天下，其卽位之武德元年九月置社倉於各州縣，救濟凶年。至太宗貞觀二年尚書左丞戴胄曾奏請設立社倉，但以舉辦不善，利弊參半，故時興時廢。及南宋孝宗時，趙汝愚劉行簡鑑其弊，屢擬恢復社倉。孝宗乾德四年，朱熹之故鄉大饑，向建寧府乞借常平米六百石，設置社倉。至淳熙八年十一月，熹爲浙東提舉，乃將其議建於朝。議曰：

「臣所居建寧府崇安縣開耀鄉有社倉一所，係乾道四年鄉民艱食，本府借到常平米六百石，委臣與士居朝奉郎劉如愚同其賑貸，至冬收到元米，次年夏季，本府復令依舊貸與人戶，冬間納還。臣等申府措置，每石量收息米二斗。自後逐年依此斂散，或遇小歉，即蠲其息之半，大饑卽盡蠲之。至今十有四年，量支息米，造成倉廒三間收貯，已將元米六百石納還本府，其見管三千一百石，並是累年人戶納到息米，已申本府照會。將來依前斂散，更不收息，每石只收耗米三升，係臣與本鄉士居官，及士人數人同其掌管。遇斂散時，卽申府差縣官一員，監視出納。以此之故，一鄉四五十里之間，雖遇凶年，人不闕食。竊謂其法可以推廣，行之他處。而法令無文，人情難强。……乞特依義役體例，行下諸路州軍，曉諭人戶，有願依此設立社倉者，州縣量支常平米斛，責與本土鄉上等人戶，主持斂散，每石收息二斗，仍差本鄉士居官員，有行義者與本縣官同共出納。收到息米，十倍本米之數，亦與撥還。各有鄉土風俗不同者，更許隨宜立約，申官遵守，實爲久遠之計；其不願置立之處，官司不得抑勒，則亦不至騷擾。此在今日言之，雖無所濟於目前之急，然實公私儲蓄，預備久遠之計。及今斂歲施行，人心願從者衆。其建寧府社倉見行事目，謹錄一通進呈，伏望聖慈詳察，特賜施行。」（農政全書備荒考）。

孝宗從其言，遍下諸路倣行其法，而任從民便。其斂散之事，與本鄉耆老同共管理，州縣並不得干預抑勒。

社倉事目

（一）逐年十二月分委諸部社首保正副，將保簿重行編排，其間有隱匿逃軍及無行止之人，仰社首隊長覺察，申報尉司，追捉解縣根究，其引致之家，亦乞一例斷罪。次年三月內，將所排保簿赴鄉官交納。鄉官點檢，如有漏落及妄有增添一戶一口不實者，即許人告，審實申縣，乞行根治；如無欺弊，即將其簿，計算人口，指定米數，大人若干，小兒減半，候至貸日，將人戶請米狀核對批塡，監官依狀支散。

（一）逐年五月下旬，新陳未接之際，預於四月上旬申府，乞依例給貸，仍乞選差本縣淸廉官一員，人吏一名，斗子一名，前來與鄉官同共支貸。

（一）申府差官訖，一面出榜排定日期，分都支散，先遠後近一日一都，曉示人戶，産錢六百文以上，及自有營運，衣食不缺不得請貸。各限日限具狀，狀內開明大人小兒口數。結狀，每十人結爲一保，遞相保委。各保內逃亡之人，同保均備取保，十人以下不成保，不支。正身赴倉求米，仍仰社首保正副隊長，大保長，並各赴倉認識面目，照對保簿。如無僞冒重疊，卽與簽押保明。（其社首保正等人，不保而掌主保明者聽。）其日，監官同鄉官入倉，據狀依次支散。其保明不實，別有情弊者，許人告首，隨事施行。其餘卽不得妄有邀阻；如人戶不願請貸，亦不得妄有抑勒。

（一）收支米穀，用淳熙七年十二月，本府給到新添黑官桶及官斗，仰斗子依公平平量，其監官鄉官人從，逐廳只許兩人入中門，其餘並在門外，不得近前挨拶攙奪人戶所請米斛。如違，許被擾人當廳告覆，重作施行。

（一）豐年如遇人戶請貸官米，卽開兩倉，存留一倉；若遇饑歉則開第三倉，專賑貸深山窮谷耕田之民，庶幾豐荒賑貸有節。

（一）人戶所貸官米，至冬納還，不得過十一月下旬。先於十月上旬定日申府，乞依例差官將帶吏斗前來，公共受納，兩平交量。舊例，每石收耗米二斗，今更不收上件耗米，又慮廒米折損，無所從出，每石量收三升，準備折損及支吏斗等人飯米，其米止行附歷收支。

（一）申府差官訖，即一面出榜，排定日期，分都交納，先近後遠，一日一都，仰社首隊長告報保頭，告報人戶，遞相糾率，造一色乾硬糙米，具狀，同保共爲一狀，未足不得交納，如保內有人逃亡，即同保均備納足，赴倉交納，監官鄉官吏斗等人，至日赴倉交納，不得妄有阻節，及過數多取，其餘並依給米約束施行，其收米人吏斗子，要知首尾，次年夏支貸日，不可更換。

（一）收支米訖，逐日轉上本縣，所給即歷事畢日，具總數申府縣照會。

（一）每遇支散交納日，本縣差到人吏一名，斗子一名，社倉算交司一名，倉子兩名，每名日支飯米一斗，約半月，發遣裹足米二名，共計米一十七石五斗；又貼書一名，貼斗一名，各日支飯米一飯斗，約半月，發遣裹足米六斗，共計四石二斗；縣官人從共一十名，每名日支飯米五升，十日共計米八石五斗，以上共計米三十石二斗；一年收支兩次，共用米六十石四斗；逐年築牆，並買藁薦修補倉廒，約米九石，通計米六十九石四斗。

（一）排保式　某里第某都社首某人，今同本都大保長隊長，編排到都內人口數下項。一、請米狀式，某都第某保隊長某人，大隊長某人，下某處地名，保頭某人等幾人，今遞相保委，就社倉借米，每大人若干，小兒減半，候冬收日備乾硬糙米，每石量收耗米三升，前來交納保內一名，走失事故，保內人情願均備取足，不敢有違謹狀。

（一）簿書鎖鑰，鄉官公共分掌。其大項收支，須同監官簽押；其餘零星出納，即委鄉官公共掌管，務要均平，不得徇私容情，別生奸弊。

（一）如遇豐年，人戶不願請貸，至七八月而產戶願請者聽。

（一）倉內屋宇什物，仰守倉人常切照管，不得毀損及出借他用。如有損失，鄉官點檢，勒守倉人賠償。如些小損毀，逐時修整，大段改造，臨時具因申府，乞撥米斛。

（農政全書卷四三備荒考）。

於此見社倉之推行，胥爲地方人民所自動。但陸九淵以爲：

「社倉固爲農民之利，然農田常熟，則其利可久。苟非常熟之田，一遇歉歲，則有散而無斂，來歲缺糧時，仍無以賑之，莫若兼置平糴一倉，使無貴賤之患，析所糴爲二，每存其一，以備歉米代社倉之匱，實爲常利也。」

至其後行之者，果不出朱熹所慮，及陸九淵所議，或主持者假公以濟私，或官司移用而無給，或拘納息米而未嘗除免，甚者拘催無異正賦，良法善意，於焉喪失。至理宗淳祐三年有詔嚴申郡縣社倉科配之禁。其後社倉之弊，尙有僅貸有田之家，而力田之農反不得沾惠。故有李燔於江西念：

「社倉之置，僅貸有田之家，而力田之農，不得沾惠，遂倡議裒穀創社倉以貸佃人。」。又

「廣德軍官置社倉，民困於納息，更以息作本，而息皆橫取，其民至自經，人以爲朱熹之法不敢議。」，黃震爲通判，獨以爲不然。謂：

「法出於堯舜二代，聖人猶有變通，安有先儒爲法，不思救其弊耶？況朱子之法，社倉歸於民，而官不與，官雖不與而終有納息之患，乃爲別買田六百畝，以其租代社倉息，約非凶年不貸，而貸者不取息焉。」(以上續文獻通考卷廿七)。

明

明代之社倉行於英宗正統元年。順天府推官徐郁以原有義倉，一縣止一二所，居民星散，振給之時，追呼拘集，動淹旬月，不免淪爲餓莩，遂乞命所在有司，增設社倉，仍取宋儒朱熹之法，參酌事宜，定爲規畫，以時斂散，庶凶荒有備，以免災患。帝以其言甚善，勒命有司行之。

嘉靖中兵部侍郎王廷相請將義倉貯之里社，定爲規式，一村之間，約二三十家爲一

會，每月一舉，第上中下戶，捐粟多寡，收貯於倉，推有德者爲社長，善處事能會計者副之。若遭凶荒，則給戶給散，先中下後及上戶，上戶責之償，中下者免之。凡給貸悉隨於民，第令登記簿冊，以備有司稽考；則既無官府編審之煩，亦無奔走道路之苦。戶部尚書梁材亦上言，以王廷相欲仿古義倉之法，出之於民，而藏之於社，爲備荒善政。

「嘉靖八年乃令各撫按設社倉，令民二三十家爲一社，擇家道殷實而有行義者一人爲社首，處事公平者爲社正，能書算者一人爲社副，每朔望會集，別上中下，出米四斗至一斗有差，年加耗米五合，上戶主其事。年饑，上戶不足者量貸；稔歲，照數還倉；中下戶酌量振給，不復還倉。有司造冊送撫按，歲一查覈，若倉虛罰社首出一歲之米，其法頗善，然其後無力行者。」（明史食貨志）。

蓋富者鮮仁，以爲我不願賑於後，亦不願出於今；貧民下戶之輸，爲數無幾，況又平時不遑謀生也。但各地社倉仍有自動主辦，如張朝瑞汪道亨對於社倉組織，頗有研究。玆擇要錄後：

（一）張朝瑞之社倉辦法：

1. 倉本之集合　甲、地方官吏捐俸提倡，及發紙贖等銀補助。乙、禁止迎神賽會以其香錢充用。丙、士民尚義出穀。丁、秋熟時，每畝量出穀半升，或富戶出石，貧者升斗。

2. 負役及職務　公推鄉約正副各一人，主持稽查及簿冊保管登記事。又推公直殷實者司出納。

3. 出借及收回　每年青黄不接時，闕食者酌准借與，就保長處會同約正副，批立合同，登立簿籍，候秋收日，加息二分納還，但借穀至多以十石爲限。

4. 獎懲　凡出穀多者請旌獎，不肯出者，荒歉之年，義穀官糧，俱不准與。

（二）汪道亭修舉社倉事宜，較張說爲完備。

1. 本穀　本社集社長社副倉衆會議，各量貧富家口爲多寡。戶分三等，等列三則，其輸穀之法，每月一會，約定會期，上上戶每會六斗，上中戶每會五斗，上下戶每會四斗，中上戶每會三斗，中中戶每會二斗，中下戶每會一斗，下戶不與。社穀初貯，穀本尙微，不許輕易斂散。　如以一歲之穀，盡輸於社，或分三四會輸完，亦可；不必拘定十二次。如粟不便者評納銀錢登簿，遇賤，糴貯社中，若有家道殷實，絕無斗穀入倉者，即書某人名，加以頑吝二字，貼於社倉內。如遇荒歉，官社倉，俱不准給。其有鄉社隘小，不能三分等，等不能列三則者，酌量增損。

2. 義穀　凡社中富而好德，能於本穀外，願輸二石入倉者，紀善一次，四石者紀善二次，十石者紀大善一次，二十石者紀二大善，三十石者紀三大善，州縣掌印官獎賞。輸五十石以上者，該府及州縣送匾，書「好義」二字，輸百石以上者，本道送匾，書「施仁」二字，照例給與冠帶，輸至二百石以上者，准給冠帶優禮，本道及兩司送匾，書「樂善」二字，其輸四百石以上者，申請兩院送匾，書「積德」二字，給與冠帶，仍優免雜從差役，犯罪不許刑。此外若輸粟八百石以上者，申請兩院，照例奏請豎坊表里。

3. 罰穀　凡官司自理贖穀，除照舊入預備官倉外，其各社有鄉約，（明代每月朔由鄉約聚一鄉之人，向明太祖牌位致禮，再行講演。）演禮不到，保甲直牌怠忽，及一切違犯稍輕者，聽約正副裁決曲直，罰穀使之平息，以省赴告及株連干證之費，或赴告而自願和息者，該有司酌罰穀，輸之於社，取具倉收免罪。情輕者批由約正副查處量罰。是謂罰穀，並須登簿備查。

4. 息穀　倉穀收貯若干，每年於二月起三月四日止，宜出陳易新，餘月不得輕借。其交還月份，自九月起至十月止，不得延捱，以致穀價漸貴，輸納愆期。初年穀本尙微，每石取息二斗，如時小歉則減息之半。行至三年之後，穀本漸裕，每石取息一斗，如時小歉，止取五升，大歉則盡免其息。凡給借之戶，如過時不還，或還而濕惡不堪者，送官重治，以後不准再借。出借之時，須會同集議，量其可償，方准託保關借，如遇游手無賴，刁頑無信，强豪不馴者，不得輕與；如或輕與以致負騙者，俱在保人及收管人名下追賠。收管之人，揑開詭名冒領或漁利者，許人訐告，另行追罰。每放借完日，即將本社中下人戶借過穀石若干，應繳息穀若干，一一登簿，以便稽考，餘穀收貯，不得混支升合。每年**終結算出入，給與收管人一石，以償其功。**

5. **倉廒　以上四種倉穀，收貯倉廒之法，急須講求，並考各處舊有倉址，如嫌狹隘**應設法量增房屋或係假借，亦應措處。凡建倉屋，必須四圍空曠，不接近居民煙火，其有與之相近者，須買磚堆砌，以備不虞。以上費用，俱在上述四種穀內支取，或有尚義之士，獨任其費者，官司重加獎賞。其平素無倉地方，若斂有穀或於各鄉約寬餘處所寄囤，或各鄉約所有餘屋，即估其值易買，俾鄉約社倉合置一處，尤爲簡便；或借廢寺廟庵暫停，俟積穀果多，則公議扣穀建倉。凡有樂助者，或銀穀，或米石，隨意多寡，俱登記於簿，勒石垂名。各該州縣，每年終通查所屬，共建社倉若干，將千字文挨順里甲，編立字號，共若干處，各置牌匾額，大書某字號社倉五字，懸掛倉門。該州縣並將總報數之府州，以便稽查。

6. 收掌　社倉收掌出入，當立社長一人，以本處齒行最優者爲主，家資殷實者更好，抑或以約正保正爲之，凡社中事務，皆聽其裁決。又立社副二人，以年力强壯，行能服衆者爲之，或即以約講約副保副充任，但俱須犬牙相制。社長等管書鎖，社副二人，一管出簿，一管入簿，又立社傑二人或四人，以壯年公直有才幹者爲之，俱從社長副指使，分任勤勞。又置社穀出入二簿，先將各戶輸穀登記入簿，待出放之時，仍將各戶借過若干數目登記出簿，造完送官查驗，印發本社，待後照數催收。

7. 典守　社倉之典守，如社長近倉，即以社長兼之，社副社傑亦然，或俱不近倉，則宜另立社直數名，或以本地人夫輪流值日，或換甲選擇，一季一換，俱聽便酌處。若於社倉之旁，公立社學，令子女在學讀書，則看守之人，不必更立社直矣。務須加意防閑，不宜疏忽爲要。

8. 稽核　各倉積穀既多，奸民或因之以滋侵漁，若經官逐一查盤，則必重爲民累，合應免其查盤，只於本府管糧廳置循環簿二扇，各州縣每年五月將放過若干，十二月將放過若干，赴廳倒換備查。各倉放出收完，俱報本州縣。其餘出入民自收掌，官司或因路便，或出不意抽查，以革奸弊。其經管之人，如果公勤謹愼，衆所悅服，增息穀至三百石以上者，稟官旌獎。其有侵欺及借貸之人，而互相隱避者，許人指名首告，官司着實查追，不得姑息。

9. 分賑　凡遇大祲之歲，官府行賑之時，約算本社除上等可以自給外，其餘中下人戶，各照本穀原數，聽其分領。……尙有義罰息等約算若干，社長等公議酌量本社應存若干，以防意外之需，應賑若干，以救目前，分數議定而後開倉。其平時施穀入倉，先上上戶，次上中戶，次上下戶，次中上戶，次中中戶，次中下戶；凶年賑穀，先下下戶，次下中戶，次下上戶，至中上戶而止。仍查其中有先富而後貧者準賑，先貧而後富者不準賑。其年富力强能爲人營運及堪爲人傭工，社中有興作者收之，給以工食。有年富力强而不願傭工，亦不事生業，坐以待賑者，賑凡二次即止。其分賑宜常留贏餘，以待日後賑濟。

（10）推恩　社倉行至三年以後，粟有贏餘，凡社中好修貧士，孝子順孫，不能舉火，宗族親戚，俱無足恃者；貧而有喪不能舉，及子女過時不能嫁娶，而情景可傷者；節婦年自二十四五以前孀守，至今已踰五十一向無隙可議者；民年七十以上貧而且病，衣食俱乏者；俱聽社長等酌議周恤，登簿送官，不許徇私冒濫。

（11）費用　每年修整倉廒，及守倉之人等費，……俱各訂爲定式，不豐不儉，經久可行。……若日久穀多，乃將穀本漸置社田，亦無不可。

（12）社學　古之敎者里有社，家有塾，黨有序，此敎化之所以易行也。故社學亟宜舉行。社長等人各查本處現有社學……或原無社學，酌議於公共地基，置建社學，亦照社倉出穀事例，勸諭衆人量力樂助，或待社倉行久，以義息等穀創立。……既富而敎，亦化行俗美之一大關係也。

汪氏之社倉事宜，可與朱氏社倉事目比照。而汪氏之推恩，社學兩項，雖超出於一般民食以外，而敎養兼施，誠爲吾國救濟制度放一異彩也。

淸

淸初社倉祇就原有者而保存之，康熙十八年始有鄉村立社倉，市鎮立義倉之詔。二十八年又因直隸災，民間幾至室皆懸磬，餬口維艱。淸聖祖以前歲收豐稔，何致一遇災生，補苴之術，可見平時積儲，僅存虛名，乃勸諭民間，一、多積米糧，務令終歲所食，常有餘儲。二、宜愛惜物力，不可樂歲狼籍，祇顧目前。三、勸諭民間捐輸常平社義諸倉米穀，以備賑濟。至是社倉漸爲朝野所注意，而舉辦者尚不多。及康熙四十二年（湖南通誌爲四十一年）以直隸各屬，雖設有常平倉，饑荒之年，不敷賑濟，乃就直隸各村莊設立社倉，以試果否有益於民生，而定推行之當否。卒至終鮮效果者則爲：

（一）辦理困難　康熙六十年，朱軾疏請於山西省建立社倉，聖祖云，李光地任巡撫時，曾經具奏，諭以言易而行難，爾可姑試行之。數年幷無成效，民多怨言。張伯行亦稱社倉有益，令行永平，果有成效裨民之處，而至今未奏。且社倉無益，應早留心採訪。凡建立社倉，務擇地方殷實之人董其事，但此人幷非官吏，既無權亦無勢，所借出之米，屆還補時，遣何人催納，即豐收之年，不肯還補，亦無可奈何，若遇歉收，更誰還補。現將衆人米穀收貯，若無一人看守，及米石缺少時，勢必令司其事者賠補，是空將衆人之積儲，棄於無用，而司其事者無故爲人破產賠補矣。……此法可行於小邑鄉村，若奏爲定例，屬於官吏施行，於民無益。

（二）勸諭匪易　世宗於雍正五年清查湖廣虧空社倉諭中有云：

「日在富饒之家，自有積儲，雖遇歉歲，而無藉乎倉穀，故當輸納之時，往往退縮不前，至貧乏之家，仰給社倉固甚殷切，而每歲所收，僅供生計，又無餘粟可納，所備綏急，實責諸民者之難也。」

(三)官吏苛擾　社倉之設，原爲民辦。但在清初舉辦之始，名爲民辦實爲官理，藉端苛斂，民不聊生。兩湖地方，甚至令各州縣，凡糧戶應輸正賦一者加納社倉穀一石，幷以儲穀之多少，定屬吏之殿最。其時湖廣穀石四五錢，是一兩正賦加徵四五錢，此世宗所以向湖廣總督楊宗仁有「是爲裕國，抑爲安民」之問（雍正二年）。至雍正五年，淸查湖廣虧空社倉諭中，又言官吏經理社倉之不能盡力。其言曰：

「至於州縣官實心視百姓爲一體者，豈可多得，今以常平之倉，爲國家之公儲，關係己身之考成，且侵欺挪用，虧空累累，況民間之社倉，安能望其盡心經理，使之實儲以濟用乎。」又云：

「所以舉行社倉者實因民生起見，諸臣又多言之鑿鑿，是以令各省酌量試行，以觀其成效如何？幷非責令一概施行也。」（以上清朝文獻通考）。

蓋其時官吏急功好名，迎合上意，勒派苛索，不顧民力，甚至虧報穀數，以爲一時搪塞之計；亦有侵蝕挪移，以百姓之需，充一己之私用，社倉乃與常平倉同其命運矣。

大抵清代社倉之制，確立於康熙四十二年，以直隸爲試辦之區，當時所議定者，本鄉捐出卽儲本鄉，令本鄉誠實之人經管，上歲加謹收儲，中歲糶借易新，下歲量口賑濟是也。至雍正二年，各省設立社倉者漸多，流弊亦甚，以其漫無一定準繩，官府動輒以官法相督，不聽民間自理。有如兩湖照正賦一兩加徵社穀一石之苛例，徒滋煩擾，乃議定社倉之法，頒行各省，仍以各方風土不同，更當隨宜立約，須有社倉之益，而無社倉之害，方爲永遠可行之計。故令各省於一省之中，試行數州縣，俟十年後著有成效，然後廣行其法於通省也。茲將社倉法及以後斟酌損益情形分述於後：

（一）社本　以獎勸民間自行輸納爲正宗。康熙五十四年議准，富民捐穀五石者，免本身一年雜派差役，有多捐一倍二倍者，照數按年遞免。至紳衿若能捐穀四十石，令州縣給匾，捐穀六十石令知府給匾，捐穀八十石令本管道給匾，捐穀二百石督撫給匾，其富民好義，較紳衿多捐二十石者亦照紳衿例，次第給匾，捐至二百五十石者，咨明吏部給予義民頂戴，照未入流品服榮身，凡給匾民家永免差役。雍正二年，社倉法規定其所捐之數，不拘升斗，積少成多，若有奉公樂善，捐至十石以上，給予花紅，三十以上，獎以匾額，五十石以上遞加獎勸，其有好善不倦，年久數多，捐至三四百石者，給以八品頂戴。乾隆六年題准一年連年報捐，先後積算至十五石以上者，亦准遞加獎勸。又改定捐至三百石者給予八品頂戴，四百石以上者給予七品頂戴。是年幷議准山西省社奬勵辦法：捐十石至三十石者，照例給予花紅，三十石至五十石者地方官給匾，捐至百石者府州給匾，二百石者本管道給匾，三百石者布政使給匾，四百石者巡撫給匾，捐至五百石以上者給予八品頂戴，其連年捐輸，仍許積算。地方官勸輸，大州縣每年至千五百石以上，中州縣至千石以上，小州縣五百石以上，均於計典時開明考覈，此出於民間勸輸者也。亦有從加二大耗銀內撥作社本，如陝西於雍正四五兩年，在應行裁減每兩五分之數，暫行徵收，即將此項銀兩採買穀麥十四萬五千八百餘石，發給各縣，每社一千石。甘肅亦然。又如雲南省除民間捐輸外，按地方之大小，計存儲之多寡，由常平倉及官莊等穀內，動撥五百石或八百石作爲社本。四川省則於糶賣食糧，買補餘款中撥充。廣西省則撥常平倉息穀作社本，此則有官撥社本在內，故雖有民選之社長倉正，仍受州縣之監督，固無異官倉也。

（二）存儲　存儲米穀，先於公所寺院收存，俟息米已多，後再做常平倉厫例，建倉儲藏，每穀四百石，建厫一間，亦可於存公銀內動支（乾隆二年題准四川案內），或暫賃殷實富戶寬敞房屋一二間，俟一年後收有息穀，再行建倉或由地方紳衿捐資建設，但不許存於社長之家。倉厫修理，可動用息穀款，由同社鄉民，報明鄉長，公同勘估修理，具結報官存案。

（三）社長　其在直隸試辦之時（康熙四十二年）屬於旗下村莊，由莊頭內願收管者收管之，其屬百姓村莊者，則由本鄉中誠實之人經理之。雍正二年乃規定每社設立正副社長，擇以品行端正，家道殷實者二人充之；果能出納有法，鄉里推服，按年給獎，如果十年無過，給以八品頂戴，徇私者即行革懲，侵蝕則按律治罪。乾隆十年，議准社倉社長，二年更換一次，選擇殷實良民充補，將經手社穀同鄉保互相交代，取結報官存案；如有虧缺，責令賠補，經管三年，毫無弊竇，同社公保可留任三年。二十四年以江蘇地方，每充社長不無賠累，且招勞怨，均不願充，願充者多係漁利之徒，樂於久充，易於侵挪。乃規定社中殷實公正之數人輪流充當，一年一換，爲時不久，不致賠累。一年一次，新舊交代，難滋弊端。又於四十一年，將社長經手倉穀考成辦法，改訂爲一年無過給以花紅，三年無過，獎以匾額，五年無過，免一身差役。陝甘等省之倉正倉副，雖由民間議定，以司出納保管，但實際仍爲官理。可於後節見之。

（四）經理　社倉本應由民間自行經管，但亦有社本出於官，而不肯交與民辦者，如陝西之社倉是也。陝西社倉，係由陝督岳鍾琪奏准動撥加二大耗銀兩，以爲社本。由州縣向司具領，辦理請領之際，手續已屬繁重，告誡又復諄諄，州縣深恐交與倉正經管，設有虧累，仍須負責，乃交於胥役家人募府承辦。爲欲防免賠累起見，出陳則勒買，易新則勒借。陝西百姓竟呼社穀爲皇糧。岳見流弊甚深，乃請於世宗頒諭勸石。諭中有云：

「國家建立社倉，原令民間自行積儲，以百姓之資糧，濟百姓之緩急，春貸秋償，茲生羨息，各社自爲請管登記，地方有司，但有稽查之責，不得侵其出納之權。」（文獻通考）。

此言社倉之應由民理，即使如陝西以加二大耗銀撥充社本，亦係：

「小民以己之資財，而代民買儲之倉糧，即小民自捐之積貯。」

故如：

「地方官有於社倉穀石，創議交官，不交百姓，或指稱原係公項，預爲公事侵挪之地步者，俱以擾阻國政，貽誤民生論，從重治罪。」（清朝文獻通考）。

時爲雍正七年，至乾隆五年，陝西社穀之爲民間捐輸者，由民間經理出入，報官存案，不入官之交代外，若係加二大耗銀撥充社本，仍由地方官經理。乾隆三十七年，於山東省社倉案內議准，社倉穀石，責令新舊州縣盤查交代，取印結送部查覆，仍於年底將收支各數，造册題報，令各省一律辦理。至此社倉不論官本民本，俱由地方官經理，社長亦由州縣選充，已悉數收回官辦矣。嘉慶四年，有鑒於官爲經理之非，下詔重歸民理。詔曰：

「社倉原係本地殷實之戶，好義捐輸，以備借給貧民之用。近來官爲經理，大半藉端挪移，久不歸還。設有存餘，管理之首士與書吏，亦從中盜賣，倘遇儉歲，顆粒全無，以致殷實之戶，不樂捐輸，老成之首士，不願承辦，是向來良法，徒爲官吏侵肥，自應一律查禁。並將各省社倉，仍聽本地殷實富戶，擇其謹厚者自行辦理，不必官吏經手，以杜弊竇，而裕民食。」（清朝文獻通考）。

於是各省社倉，一切出納，均聽自便，正副社長由民間公舉，止令呈官存案；經理不善，仍聽同社自擇妥人請換，毋許官吏指名充補，及藉端爲難，違者查出究辦。嗣後社倉顯無初辦時之踴躍，同光之季，雖嘗令切實整頓，徒爲具文也。

（五）出納報核　每年於四月上旬，由社長申報地方官依例給貸，定日支散；十月上旬，申報依例收納，均照部頒斗斛，公平較量，不得抑勒多收。臨放時願借者先報社長，州縣計口發給。交納時社長先行示期，依限完納。其册籍之登記，每社設立印官簿一樣二本，一本社長收執，一本繳州縣存查，登記不得互異。其存縣一本，夏則五月申繳，至秋領出；冬則十月申繳，至來春領出。不許遷延，以滋弊竇。每次事畢後，社長及地方官各將總數申報上司，如有地方官抑勒挪借，強行糶賣侵蝕等，社長呈報上司，據實題參。即閭邑之社，亦不得以此贜彼，互相借移。又防借貸時發生流弊，復規定由社長預爲造册（原爲排門册），將姓名年貌住址，以及官紳士庶商賈，逐一注明，送官用印存案。日後借貸，悉以此爲準，其遊手好閒者，不許借貸。正副社長之外，再公舉身家殷實者一人，總司其事，不時稽查，如有欺隱，令其賠償。若無借貸，而積穀已多，恐滋浥爛，可於夏秋之交減價平糶，秋成後，照時價買補。如爲豐年，可全行借出，實借實還，按穀收息，不得虛捏開報。有貧無依靠之人，亦准其量借升斗，以資接濟。鄉民捐納之時，不拘米麥雜糧，數之多寡，概由原捐戶自行登簿。借穀之戶，實有力不能還，或逃亡故絕者，取其里鄰保甲結狀，地方官加具印結，題請豁免。其爲社長侵蝕，一經鄉民告發，照例治罪。陝桂兩省社倉，至道光六年間仍以其社本係由公項撥給，每歲造報出入數目。州縣交代，與常平倉一律盤查，而該兩省社長侵蝕穀石之處分，在陝省則定爲先於社長名勒追，如一年內不能全完，社長治罪，未完穀石着落州縣賠補。桂省則定爲虧空百石以上者，該管官降兩級留任，完日開復。至其他省社倉儲欠數目，於歲底造册結報一次，由地方官轉呈報部，備查而已。

（六）息米支配　先是康熙十八年，定每石取息一斗，雍正於社倉法中，定爲每石收息二斗，小歉減息之半，大歉全免其息，祗收本穀。至十年後，息已二倍於本，祗以加一行息，但亦有加一還倉，小歉免息之例。息穀之用途，大抵以一年計算，三七分配，七升還倉，三升作爲社長辦公紙張筆墨及人役工食之費（或撥罰各款充公費），至於修建倉厫亦動用息穀辦理。但社穀至相當數額時，（如雲南以常平倉七分爲率，足額則停息，止收耗米三升。粤省各州縣，以五千石爲額，有餘繳存倉儲，備本地賑濟之用。縱以四十萬石爲率，餘糶價存司，作民間備急之需，其他各省亦大致相同。）餘穀變價或存司庫，以爲民田水利及撫恤之用。

（湖南通志卷五十五）。

第三章　結　論（倉儲制度之利弊）

我國歷代倉儲，就其制度之本身言，在社會經濟中固有重大之貢獻，卽觀乎各倉之性質，亦屬顯而易見之事。惟以歷代各種倉制，種類旣多，辦理又不一致，其中尤以常平義社三倉歷史最長，行之較久，難免弊竇叢生，甚且因辦理不得其法，而作用遂告喪失。考歷代常平倉義倉等之弱點，其最著者有：（一）在於基金短絀：每値豐收穀賤時糴買，旣不足以提高穀價，復於凶荒之年，穀價奇貴時糶賣，又不足以平抑穀價，遂致徒具常平之虛名，而無左右糧價平抑物價之實效。（二）在於利不普被：蓋常平米穀之儲存由政府管理，僅爲管理上之便利，其倉厫皆設置於通都大邑，且爲數不多，如遇凶荒，能享受其惠者，亦不過一二通都大邑之居民，其交通不便之地域，勢必更減低常平倉之效能。至於義倉，其根本弱點，較常平倉尤爲不能普濟，因義倉亦如常平倉乃由官吏管理，倉厫亦皆設於州縣，城鎭，故遇凶荒開倉賑給之時，受其濟者亦僅城郭住民及市井游惰之輩，窮鄉僻壤，眞正受災之民反無與焉。

以上所言，乃二倉弱點之犖犖大端。至於歷代對各倉執行之流弊，更爲繁多，不勝毛舉。且倉儲弊端皆有其共通之處，前代論之者，頗不乏人。漢劉般云：

「常平倉，外有利民之名，而內實無侵刻百姓；豪右因緣爲奸，小民不能得其平。」

（後漢書劉般傳）。

宋司馬光曰：

「……向者有因州縣闕常平糴本錢，雖遇豐歲，無錢收糴，又有官吏怠忽，厭糴糶之煩，雖遇豐歲，不肯收糴。又有官吏不能察知在市斛斗實價，只信憑行人，與蓄積之家，通同作弊。當收成之時，農人要錢急糶，故意小估價例，令官中收糴不得，盡入蓄積之家。直至過時蓄積之家，倉廩盈滿，方始頓添穀價，中糴入官，是以農夫糶穀止得賤價，官中糴穀，常用貴價，原利皆歸蓄積之家。又有官吏雖欲趁時收糴，而縣申州，州申提點刑獄司，提點刑獄司申司農寺，取候指揮，比至回報，動涉累月，已至失時，穀價倍貴。是致州縣常平斛斗，有經過多年，在市價例終不及元糴之價，出糶不行，任其堆積腐爛，此乃法因人壞，非法之不善也。」（文獻通考卷二十一）。

而同時之林駉論之更詳。其言曰：

「常平之法何始乎？自李悝已有平糴之說，至壽昌始定常平之策，此其始也。厥後罷於元帝復於顯宗，隨罷隨復，無有定制。至於我朝淳化二年，京師置場，有其法也。景德三年，諸路置倉，有所積也。然增價以糴，分命使臣，減價以糶，專命司農，隨時遣用，未有定職，至熙寧以後，提舉常平之官始定焉。夫祖宗之始置常平也，出內庫之儲以為糴本，頒三司之錢以濟常平，粒米狼戾之時，民艱於錢，官則增價以入之；菜色隱雷之日，民之於食，官則減價以出之。夫何舉糴本而爲青苗之錢，糶廣倉以求二分之息，代桑易鏹，官將厚矣，如貧民何；糶田輸官，公家利矣，如私害何。此常平救災之實政壞矣。義倉之法何始乎？自隋始置於鄉社，至唐改置於州縣，此其始也。厥後弛於永徽，壞於神龍，隨罷隨復，亦無定制。至於我朝乾德創之，未幾而罷，元豐復之，未幾亦罷，迨紹聖復以石輸五升，大觀復以石輸一斗，至於今日而義倉輸官之法始定焉。夫古人始置義倉也，自民而出，自民而入，豐凶有濟，緩急有權，名之以義，則寓至公之用，置之於社，則有自便之利。夫何社倉轉而縣倉，民始不與，而爲官吏之移用，縣倉轉而郡倉，民益相遠，而爲軍國之資。官知其斂，未知其散，民見其入，未見其出，此義倉之實政廢矣。天下豈有難革之弊，今日常平義倉之儲，雖有美名，本無實惠，惟州縣有侵借之患，而支撥致有淹延之憂，城邑近郊尚可少濟，鄉落小民黽身從事，彼知官長皂吏爲何人。一旦藜藿不繼，又安能扶持百里，所糴於場，以活其饑饉之莩哉。是有之與無，其理一也。嗚呼，就知有甚者焉，常平出於官，義倉出於民，出於官者官自斂之，官自出之，其弊固不足以利民，亦不至於病民；出於民者民實出之，官實斂之，其弊不但民無給，而官且病之。文移星火，指爲常賦，籮頭斛面，重斂取贏，噫，可嘆也。民不必甚予，特無取之足矣；民不必取之甚利，特無害之足矣。平時奪其衣食之資，一旦徒啖以濡沫之利，樂歲不爲蓋藏之地，凶年始思啼饑之民，何益哉。」（常平義倉論）。

宋劉行簡言義倉未能當社設置之弊曰：

「義倉置於州郡，歲饑散給，山澤僻遠之民，不霑其利，力能赴州就食者，所得不償所勞，……義倉之粟，當於本縣村鄉，多置倉窖。自始入粟以及散給，悉在其間。大縣七八處，小縣三四處，遠近分布，俾適厥中。若未有倉窖，或寄存大姓之家，以時檢校。遇饑饉時，丞簿尉等分行鄉村，計口給，歷次第支散，旬一週之，則僻遠之民，均受其賜。」

義倉爲官司侵用之弊，宋戶部侍郎楊倓有云：

「義倉在法，夏秋正稅，斗輸五合，不及斗者免輸。凡豐熟縣，九升以上，卽輸一升，惟充賑給，不許他用。今諸州縣歲收苗米六百餘萬石，應合收義倉米數不少，而諸州軍皆擅用，請稽之。」

淸秦蕙田云：

「義倉設於當社，最爲近民，其後移之州縣，而官吏得以侵移他用，百姓交納之苦，又不待言矣。貞觀初制，不修長孫之議，而沿隋末故事，雖與賑濟有益，而累民必多，亦緣立法未盡善也。」（五禮通考）。

又云：

「義倉之儲，既云專充救濟，乃復起發以補歲供缺額之數。何歟？夫災傷蠲撥之米，恩出自上者也。義倉本非公家之物，而亦取之以入公家，且特吝此振恤之舉，巧取以罔民矣。蓋自熙豐以來，所議義倉者，名爲備荒，實則賦而已。」（五禮通考）。

其關於社倉之弊，在嘉慶四年詔中有云：

「社倉原係本地殷實之戶，好義捐輸，以備借給貧民之用。近來官爲經理，大半藉端挪移，日久並不歸款（疑還字），設有存餘，管理之首士與書吏，亦得從中盜竇。倘遇儉歲，顆粒全無，以致殷實之戶，不樂捐輸，老成之首士，亦不願承辦，是向來良法，徒爲胥吏侵肥，應一律査禁。仍將各省社倉，聽本地殷實富戶，擇其謹厚者，自行辦理，不必官吏經手，以杜弊竇，而裕民食。」

乾隆元年揭發存糶買補之弊，詔曰：

「乃聞各省州縣，於倉穀出入，竟有私派百姓者，當出糶之時，則派單令其納銀領穀若干，及買補之時，則派其納谷領銀若干；納銀則收書（收款吏）重取其贏餘，納穀則倉書大肆其抑勒；甚至以霉爛之穀爲乾潔，小民畏勢，不敢不領，惟有隱忍賠累而已。更有山多田少地方，產穀無多，該地方不能向他處採買，但按田畝籍冊，核算發價派令百姓，將田畝歲收之穀交倉，絕不爲民間計及蓋藏。祇有十餘畝之田，而亦責其承買穀石者，在附郭居民，去倉厫不遠，尙可就近轉輸；至遠鄉僻壤，離城或百里八十里之遙，亦一概令其領銀納穀，小民肩挑背負，越嶺登山，窮日之力，始至出納之所，而奸胥蠹吏，又復任意留難，及平糶之日，窵遠鄉村，更不能均霑實惠。」

嘉慶四年劉權之論其弊曰：

「地方官藉端肥橐，概在本地派買，不論市價貴賤，止發銀四五錢不等，幷勒令出具照時價領票，兼之差役需索使費，以致領票花戶，不願上納穀石，惟求繳還原封銀兩，雖另外加倍繳價，較繳穀猶爲省事。甚至有力富戶，賄屬書吏，將本名下之穀，飛洒零星有田之戶，富戶轉得少領，竟致完善良民，衣食難周，深受採買之累，地方止圖折價入已，遇當平糶之年，仍無存儲之米。」

觀以上各倉弊竇叢生，固盡非制度之不善，多由人事之不臧。總之，倉庫散處各地，政府督監匪易，蟲蝕腐爛，霉損折耗，在所難免，但推陳易新，翻晒整理，應須勤謹。孰料不肖官吏，每多乘機挪移分肥，藉端侵欺中飽，米穀之糶糴，振貸之出入，更多上下其手，營私舞弊之徒。但是上述弊端，無論爲制度，爲人事，無不可力求改進而臻於至善，冀爲福民惠農之制度也。依此而論，應究其有利於國計民生者臚列於後，用作興革倉制之借鑑：

（一）充實國防　古代官吏俸給，多爲實物，向人民徵收亦爲實物，而存儲實物，自古遍地設置倉庫，此種倉儲，在平時固甚需要，即一旦發生軍事行動，其重要尤屬顯著，以常平義社等倉而言，自以調節盈虛，救免災荒爲主，但遇外侮侵凌時，亦可徵用，實不失爲國防之助力也。

（二）防止災荒　過去中國糧倉實以救災防荒爲主，義倉社倉無論矣，卽常平倉本以調劑糧價爲目的，但其副作用，仍在防荒。近代農倉之主要任務，亦爲調劑糧價，活潑金融。且民糧存倉，政府得隨時控制，一有緩急，可資應用。故防止災荒，確爲糧倉之重要作用。

（三）調劑糧價　古代常平倉，近代農倉，均具有此種作用。此項作用，可由兩點說明：

一、調劑異年度糧價。　二、調劑全年度糧價。豐年穀賤，歉年穀貴，此爲事實，自不待言。糧食品之收穫，主在年度之某一季，但其需用，則在全年。就實際狀況研究，不但豐歉年穀價有貴賤之差異，卽在同一年度，新穀登場，價多暴跌，以後陸續上漲，至青黃不接時，甚至與收穫初期相差極大。古代常平倉，視歲之豐歉，爲糧食之聚散，實具有調劑異年度糧價之作用。近代農倉，在糧食上市擁擠時，可暫爲存儲，存儲之品，又可用作抵押貸款之憑藉，農民得此救濟，自可不必急售其產品，一方面達資金融通之目的，同時對一年內之糧價，亦可得使均平。積穀倉之目的，雖不以調劑糧價爲主，但積之在豐年或收穫之初，散之則在歉年，或青黃不接之時，準以需要調和之原則，自有調劑糧價，惠農利民之作用。

（四）活潑金融　此爲農倉特具之效能。在農倉未興辦之地，農民需要資金，只有土地可作抵押或變賣，易受豪商富家之侵奪，以及重利盤剝之毒害。如有農倉卽可以糧食品存儲於倉庫，以倉車爲抵押，向金融界機關貸款，使農產品得以資金化，當有活潑農村金融之效矣。

（五）協助產銷　近代農倉固具有活潑金融之效能，但其基本任務，則爲農產品之改良、堆存、與保管，同時亦可爲受寄物之調製、改裝、運送、或代爲售賣，或介紹借款。凡此莫不屬於農產品產銷上應盡之職務，亦不失爲倉制上之一大貢獻也。

以上所述各項效用，對國家生存，國民公私經濟均有重要關係。充實國防，爲保持國家生存，延續民族生命，防止災荒，調劑糧價，則爲謀農民生活安寧，社會秩序穩定。穀賤傷農，穀貴傷民，所謂民者，原意係指農民以外之民，但究其實際，在饑荒之年，或一年度青黃不接之時，貧苦農民，定有必須購糧者，如此，則穀貴之結果，不特傷及工農業各色人等，同時亦傷及農民之本身，爲免於民衆生活發生不安，及時調劑糧價，誠爲必要。至活潑金融，便利運銷，在中國現今尤爲必要。海通以來，中國農業生產，逐漸商品化，農民爲求改進，急需資金融通，而近年以來，因國際經濟侵略及其他天災人禍，農村資金枯竭已達極點，不速爲救濟，危險實甚。商品化之農業，生產目的在出售，以中國之小農組織，產品零星，農民力量薄弱，單獨運銷，難達品質改良，包裝完善之目的，且極易受中間商人之壟斷剝削。此種缺陷，惟有以合作運銷之方式，方可救濟。而農倉則爲便利產銷之重要工具，有增進農民收益之效，其重要自不待言矣。

參考書目錄

馬氏文獻通考

續文獻通考

通志

通典

皇朝文獻通考

大清會典事例

二十五史

五禮通考

十一朝東華錄

康濟錄　陸曾禹

牧令書

籌濟篇　楊景仁

周禮

管子

孟子

朱子大全　朱熹

中國民食政策史	馮柳堂	商務版
中國糧政史	聞亦博	正中版
歷代屯田考	張君約	商務版
農業倉庫論	徐淵若	商務版
農業倉庫經營論	侯哲葊	正中版
倉庫與救卹	徐志廉	國民出版社
中國鄉約制度	楊開道	
倉庫經營論	中央銀行經濟研究處	
農政全書	徐光啓	
荒政叢書		
米穀貯藏之理論與實際	近藤萬太郎著 忻介六譯	商務版
日本之農村合作與農業倉庫	徐淵若	商務版
糧食理管篇	楊禮恭	正中版
建倉積穀須知	魏爾莊	商務版
辦理倉儲須知	何南陔	四川省民政廳
糧食管理法規	糧食部編	
倉儲行政	江西地方自治院	
農倉經營概要	王一虹	桂林國防書局

圖書編（萬曆初—社倉規約）

農倉業法　經濟部編

中國年鑑　內政部